KB058425

2020

부의 지각변동

2020
부의 지각변동

미래가 보내온 7개의 시그널!
무너질 것인가, 기회를 만들 것인가

—————— KBS 보도본부 경제부장 박종훈 지음 ——————

21세기북스

◆

목차

◆

"목이 말라야 비로소 우물을 판다."

『안자춘추晏子春秋』

어제의 패턴으로는
내일을 예측할 수 없다

2억 6천만 년 전 지구에는 풍요로운 환경 속에서 수많은 생명체들이 넘쳐났다. 덕분에 마음껏 몸집을 불려 하늘에는 70cm가 넘는 잠자리[1]가 날아다녔고 땅에는 2m가 넘는 노래기를 닮은 절지동물[2]이 대지를 활보했다.

그런데 어떤 이유에선지 갑자기 지구가 뜨겁게 달아오르면서 비극이 시작됐다. 해수면 온도가 6도 이상 치솟아 올랐고, 한낮의 대기는 50도를 넘나들었다. 그 여파로 생명의 젖줄이던 강과 습지가 모두

메말라버리고 30%였던 대기 중 산소 농도가 15%로 떨어졌다. 해양 생물의 90%, 육상 척추동물의 80%에 이르는 종種이 사라지는 역사상 최악의 대멸종이 일어났다.

이 같은 최악의 환경 악화 속에서 오히려 육상의 지배자로 거듭난 생명체가 있었다. 이 생명체는 거대한 포식자가 아니라 이들을 피해 숨어 다녀야 했던 보잘것없고 왜소한 파충류, 리스트로사우르스Lystrosaurus였다.

풍요롭던 시대에 마구 몸집을 불렸던 거대 동물들은 대재앙이 시작된 이후에 먹이를 구하지 못해 멸종해갔지만, 이 작은 초식동물은 최소한의 먹이만으로도 생존할 수 있었다. 게다가 환경이 나쁠 때는 땅을 파고 굴속에 숨기 쉬운 신체구조를 가졌고, 발달한 가슴 덕분에 산소 농도가 떨어져도 쉽게 적응했다. 결국 전체 육상 척추동물 개체 수의 95%가 리스트로사우르스, 단 하나의 종으로 채워질 정도로 번성했다. 지구 역사에서 이렇게 단일 종이 육상 생태계를 지배한 적은 이때가 유일하다.

2008년 글로벌 금융위기 이후 장기간 금리를 동결하던 미국 연방준비제도이사회가 2015년 이후 금리를 인상하기 시작했다. 그런데 금리 인상 속도는 그 어느 때보다 느리고 미약하다. 그마저도 2019년부터는 금리 인상 속도가 훨씬 더뎌지고 심지어 조만간 금리를 인하할 것이라는 전망까지 나온다.

주식 같은 위험자산에 투자한 사람들은 금리 인상 속도가 더딘 것에 환호할지도 모른다. 하지만 따지고 보면 금리를 제때 못 올린다는 것만큼 위험한 신호는 없다. 예전에는 연리 5~6% 수준의 금리도 버틸 수 있었던 세계 경제가 이제 연 3%도 감당할 수 없을 만큼 너무나도 허약해졌다는 것을 보여주는 셈이다.

금리 인상 속도가 한없이 느리고 미약한 것은 미국 연방준비제도이사회의 신중함을 보여주는 긍정적인 시그널Signal이 아니라, 거대한 빚더미로 유지되어온 세계 경제의 심각한 위험성을 보여주는 시그널이다. 그러나 우리가 이 시그널을 잘못 해석하면 심각한 오판을 할 수 있기 때문에, 시그널을 바로 읽는 힘은 위기의 시대에 생존 여부를 가르는 핵심이다.

지금 세계 주요 선진국들은 생산연령인구15~64세의 급격한 감소와 고령화 현상으로 심각한 인구 오너스Demographic onus 상태에 빠졌다. '인구 오너스'란 일할 인구는 줄어들고 부양해야 할 인구는 늘어나면서 경제 성장이 지체되는 것을 뜻한다. 게다가 생산성 향상 속도가 급격히 둔화되고 성공의 사다리가 사라지면서 세계 경제의 활력 역시 급격히 둔화되는 위협에 직면해 있다.

이런 상황에서 세계 경제의 유일한 버팀목이었던 미국에서조차 불황의 시작을 알리는 온갖 시그널이 나타나고 있다. 지난 10년 동안 빚이라는 마약에 취해 흥청망청 즐겼던 초장기호황 파티가 끝나가면서 그 피로감이 한꺼번에 몰려오고 있다.

고성장 경제가 저성장 국면으로 접어드는 바로 그 순간에는 경제 환경이 송두리째 바뀌는 극심한 변화가 일어난다. 마치 시속 100km로 달리던 자동차가 벽에 부딪히는 것처럼 불황의 진입 시점에서는 큰 충격을 받을 수 있다. 그러므로 불황이 곧 시작될 것이라는 시그널을 정확히 포착해야 다시 찾아오는 재도약의 시기를 선점할 수 있다.

새로운 변화의 순간을 정확하게 포착하려면 어떻게 해야 할까? 그 어떤 현자나 전문가라도 완벽한 예측은 불가능하다. 경제는 끊임없는 상호작용을 통해 끝없이 발산해 나가기 때문이다. 더구나 경제 위기도 끊임없이 돌연변이를 일으키며 인류를 위협하는 바이러스처럼 진화하기 때문에 과거의 경험만으로 대응했다가는 커다란 낭패를 볼 수 있다.

이 책은 지금 주어진 경제 조건과 상황이 불변이라고 가정하고 불확실한 미래를 섣불리 예단하려는 것이 아니다. 다만 끊임없이 변화하는 경제 상황 속에서 그 흐름을 읽을 수 있는 정확한 시그널을 안내하고자 한다.

불확실한 미래에 대해 자신만의 확신을 갖거나 특정 경제 전문가를 마치 예언가라도 되는 것처럼 맹신하는 것만큼 위험한 일도 없다. 특히 급변하는 지금의 경제 환경 속에서 잘못된 확신을 갖는 것은 아무런 예측을 하지 않는 것보다 훨씬 더 위험하다.

현 상황에서 제아무리 완벽한 경제 예측을 해봤자 주어진 상황이 바뀌면 아무 소용이 없다. 아무리 많은 생선을 낚아도 시간이 가면 썩

어버리는 것처럼 경제 예측이란 것은 시간이 흐름에 따라 그 효용이 퇴색될 수밖에 없는 것이다. 그러나 좋은 낚싯대와 갈고닦은 기술이 있다면 언제든 스스로 생선을 잡을 수 있는 것처럼, 경제 변화의 시그 널을 포착하고 이를 분석하는 힘은 불확실한 미래를 대비하는 가장 강력한 힘이 될 수 있다.

우리는 무엇보다 경제 변화의 중요한 시그널을 찾아내고 이를 정 확하게 분석할 수 있는 힘을 키워야 한다. 또한 수없이 쏟아지는 정보 속에서 노이즈Noise와 가짜 시그널False signal을 걸러내고 올바른 시그 널만을 분별하여 활용할 수 있어야 한다. 이 책을 통해 진짜 시그 널True signal을 찾아내고 제대로 활용하는 방법을 소개하고자 한다.

이를 위해 1부에서는 왜 2020년 위기론이 끊임없이 대두되고 있 는지를 설명하고, 2020년 위기 가능성에 대한 새로운 시각을 제시 한다. 2부에서는 경제 상황을 이해하는 중요한 7가지 시그널을 소 개하고, 이를 분석하는 방법을 이야기한다. 3부에서는 그러한 시그 널을 활용하여 나만의 자산 운용 포트폴리오를 만드는 방법을 소개 한다.

역전의 기회는 극적인 변화의 순간에 찾아온다. 그리고 그 극적인 변화의 순간을 포착하는 '시그널'을 찾는 힘은 역전을 꿈꾸는 모든 이들에게 강력한 무기가 될 것이다.

2019년 7월

박종훈

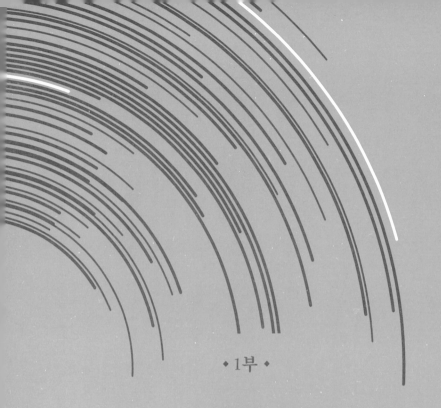

◆1부◆

2020 위기설,
이번엔 진짜일까?

"곤경에 빠지는 건 뭔가를 몰라서가 아니다.
뭔가를 확실히 안다는 착각 때문이다."[1]

| 마크 트웨인 Mark Twain |

어디까지가 위기이며,
무엇이 진짜 위기인가

위기는 언제나
극적인 반전과 함께 온다

가끔은 소설보다 더 극적인 실화가 있다. 2015년 개봉된 〈빅쇼트The Big Short〉는 2008년 글로벌 금융위기 당시 실존 인물들의 실제 이야기를 바탕으로 만들어진 영화다. 다큐멘터리 같은 형식이지만, 글로벌 금융위기의 치명적인 고통을 기억하는 사람에게는 웬만한 서스펜스 영화보다 더 큰 긴장감을 준다. 더구나 크리스찬 베일, 브래드 피트 같은 쟁쟁한 배우들이 대거 출연해서 화제가 되기도 했다.

2005년 경기 호황 속에 부동산 가격은 급등하고 사람들은 호황에

도취되어 있었다. 영화 속 주인공들은 경기 호황 뒤에 숨겨진 어두운 이면을 발견했다. 은행들이 도저히 돈을 갚을 능력이 안 되는 가계에 터무니없이 많은 돈을 빌려주며 돈 잔치를 벌이고 있었던 것이다. 소득이 전혀 없는 사람은 물론 이미 사망한 사람에게까지 돈을 빌려줄 정도로 신용평가나 대출 관리가 부실했다. 주인공들은 이를 토대로 미국 부동산 가격 폭락, 그리고 이에 따른 금융위기까지 예견했다.

천문학적인 부실 대출을 금융위기의 중요한 시그널로 인식한 주인공들은 자산 가격이 하락할 경우 엄청난 돈을 버는 방식으로 투자에 나섰다. 이들에게 금융상품을 판 글로벌 투자은행들은 사두면 무조건 오른다는 부동산 불패의 시장에서 집값 하락에 돈을 거는 멍청한 호구를 잡았다며 뛸 듯이 기뻐했다. 영화 제목인 '빅쇼트'에서 빅Big은 대규모 투자를, 쇼트Short는 가격 하락에 돈을 거는 것을 의미한다.

이들이 자산 가격 하락에 베팅을 시작한 2005년 당시 미국에서는 연일 집값이 폭등하고 있었기 때문에 집값이 하락한다는 것은 꿈도 꾸지 못할 일이었다. 특히 은행들은 소득이 없는 사람에게 돈을 빌려주어도 집을 팔아 언제든 돈을 갚을 수 있다고 생각했기 때문에, 묻지도 따지지도 않고 돈을 빌려주었다. '집값이 떨어질 수도 있는 것 아니냐?'며 의문을 제기하는 사람은 세상 물정 모르는 덜 떨어진 사람으로 취급되는 분위기였다.

영화 속 주인공들도 완벽하진 않았다. 그들은 집값 폭락 시기를 너무 빨리 잡았다. 이들 금융 천재들의 머리로는 도저히 이해되지 않는 황당한 자산 가격 거품이 2007년 상반기까지 계속된 것이다. 이 때문에 자산 가격 폭락에 베팅한 주인공들은 자신들이 '시그널'을 잘못 읽은 것은 아닌지 스스로를 계속 의심하며 큰 손해를 보게 될까봐 한동안 두려움에 떨어야 했다.

하지만 2007년 하반기가 되자 극적인 반전이 일어났다. 집값 상승이 주춤해지자 돈을 갚을 수 없게 된 사람들이 집을 내놓으면서 집값이 하락하기 시작했다. 돈을 빌려 집을 산 사람들이 빚을 갚을 수 없을 것이라는 공포에 사로잡혀 부동산을 마구 팔아댔고, 그 결과 집값이 폭락해 집을 담보로 돈을 빌려주거나 집을 기초자산으로 하는 파생금융상품을 대량으로 보유한 금융회사들은 천문학적인 손실을 입었다.

집값이 끝없이 오를 것이라고 철석같이 믿었던 금융회사들은 사전에 위기의 시그널을 파악하기는커녕 집값이 폭락한 이후에도 애써 무시하다가 리먼 브라더스Lehman Brothers처럼 파산하거나 뱅크 오브 아메리카Bank of America처럼 정부로부터 천문학적인 구제금융을 받고 간신히 살아남았다. 마지막 순간까지도 위기의 시그널을 파악하지 못한 탓에 초기에 손절할 기회조차 놓친 것이다.

이에 비해 자산 가격 하락에 베팅했던 영화의 주인공들은 경이적인 수익을 거두었다. 실화를 바탕으로 만든 영화지만, 정말 그 어떤 소설보다 더 극적인 반전이 일어난 셈이다. 이처럼 놀라운 역전은 언제나 거대한 변화가 일어나는 위기의 순간에 찾아온다. 그리고 그 역전의 원동력은 바로 변화의 시그널을 한발 먼저 포착하고 대응하는 능력이다.

왜 세계의 경제 전문가들은 계속해서 위기의 시그널을 보내는가?

글로벌 금융위기가 세상을 휩쓸고 지나간 이후, 세계 각국의 중앙은행이 천문학적인 돈을 풀고 초저금리를 유지한 덕분에 세계 경기는 빠르게 되살아났다. 그 결과 2009년 6월 이후부터 2019년 1월까지 미국 경제는 무려 115개월에 걸친 경기 확장 국면을 누리고 있다. 이는 정보통신혁명, 또는 밀레니엄 버블이라고 불리는 1991년 3월 이후부터 2001년 3월까지 120개월 이후 미국 역사상 두 번째로 긴 경기 확장 국면이다.

이처럼 기나긴 경기 확장 국면을 누리면서, 2008년 글로벌 금융위기는 우리의 기억 저편으로 사라졌다. 그리고 경기 둔화나 위기를 우려하는 목소리가 나오면 쉽게 외면해버린다. 과거를 돌이켜보면 우리가 호황의 달콤한 유혹에 빠져 현실을 직시하지 못하고 위기에 무감각해질 때쯤이면 어김없이 버블 붕괴가 시작되어 극심한 고통을 겪어왔다.

지난 10년간 장기호황이라고는 해도 역대 호황 국면에 비하면 연평균 경제 성장률은 낮았다. 하지만 초저금리와 양적완화로 풀린 돈이 세계 부동산 가격과 미국 주가를 끌어올리면서 자산 가격만은 그어떤 호황 시기 못지않게 부풀어 올랐다. 그야말로 성장은 제대로 하지 못하면서 자산 가격만 치솟아 오르는 기현상이 일어난 것이다.

그 결과 점점 더 많은 경제학자들과 세계적인 투자자들, 그리고 투자은행들이 이제 곧 미국 경제의 호황이 끝날 것이라고 경고한다. 특히 최근에는 단순한 경기 둔화를 넘어 경기 침체나 금융위기까지 겪을 수 있다는 무시무시한 경고를 내놓으면서 2020년을 '위기의 해'로 지목하고 있다.

노벨 경제학상 수상자인 예일대학교 교수 로버트 쉴러Robert Shiller는 10년 이상 경기 호황이 지속된 전례가 없었던 점을 들어 경기 침체가 올 가능성을 배제할 수 없다고 밝혔다. 더구나 세계 부동산시장에 대한 비관적인 전망이 늘어나고 있다며, 자칫 주가와 부동산 가격이 한꺼번에 동반 폭락하면서 경기 침체가 오게 되면 상당한 타격을 받을 수 있다고 우려했다.

헤지펀드Hedge fund의 제왕으로 불리는 브리지워터 어소시에이츠

창립자 레이 달리오Ray Dalio도 2020년을 위기의 해로 지목했다. 달리오는 2018년 9월 11일 미국의 경제전문방송인 CNBC에 출연해 미국의 경기순환 주기를 9회 말까지 진행되는 야구에 비유한다면 7회쯤을 지나고 있다고 말했다.[2] 그리고 결국 야구 경기는 끝나기 마련이라며, 앞으로 미국 경제는 2년 뒤쯤, 즉 2020년에 불황이 올 것이라고 경고했다.

레이 달리오의 경고는 다른 전문가들에 비해 훨씬 무시무시하다. 달리오는 지금 미국 경제가 세계 대공황을 극복한 것으로 착각했던 1930년대 말과 유사한 양상을 보이고 있다고 평가했다. 글로벌 금융위기 이후 금리가 낮아질 대로 낮아진 상황에서 자산 가격이 급등했고, 빈부격차는 더욱 벌어졌다. 게다가 경기 회복 속도가 더뎌지면서 강대국들이 자국 이기주의로 돌아서서 서로 무역 보복을 하는 모습이 1930년대 말 상황과 꼭 빼닮았다는 것이다.

또 2018년 경기 호황은 미국 대통령 도널드 트럼프의 감세 정책 효과에 따른 착시에 불과하다며, 이제 그 효과가 끝났기 때문에 곧 불황이 시작될 것이라고 내다보았다. 특히 경제 대공황The Great Depression 이후 회복 조짐을 보이던 세계 경제가 1930년대 말 다시 급격히 둔화되면서 제2차 세계대전을 불러왔던 것처럼 과거의 비극을 되풀이할 수도 있다고 우려했다.

2008년 글로벌 금융위기를 정확히 예측해서 화제가 됐던 뉴욕대학교 교수 누리엘 루비니Nouriel Roubini도 2020년을 위기가 도래하는 시기로 지목하고, 위기가 올 수밖에 없는 10가지 이유를 제시했다.[3]

루비니 역시 다른 전문가들처럼 트럼프 대통령의 감세와 재정 정책을 통한 경기 부양책은 결코 오래 지속될 수 없다고 지적했다. 또한 세계 증시와 부동산 가격 거품이 이미 심각한 상황에 이르렀기 때문에 미국과 세계 경제는 곧 부동산 가격과 주가 하락으로 큰 타격을 받게 될 것이라고 내다보았다.

특히 막대한 정부 부채를 떠안고 있는 이탈리아 같은 나라들은 국가 부도 위기에 빠질 수 있음을 우려했다. 미국의 경제 성장 동력이 완전히 소진되고, 미국의 경제 성장률이 2% 아래로 내려앉으면 신흥국은 물론 선진국까지 여러 위험 요인들이 동시에 나타나 엄청난 파괴력을 몰고 오는 '퍼펙트 스톰Perfect storm'에 직면하게 될 것이라고 경고했다.

특히 트럼프 대통령이 이런 경제 위기에서 탈출하기 위해 이란과의 군사 대치 같은 최악의 선택을 할 가능성이 높고, 그 결과 유가를 끌어올려 글로벌 경제를 더욱 위기에 빠뜨릴 것이라는 우울한 전망을 내놓았다.

투자은행인 JP모건도 2020년에 글로벌 금융위기가 다시 찾아올 것이라는 분석 결과를 내놓았다.[4] JP모건은 2020년까지 미국의 주가가 20% 추락하고, 신흥국 주가는 48%나 추락해 반 토막이 날 것이며,

신흥국 통화 가치가 14.4% 하락할 것이라는 우울한 전망을 내놓았다. 그나마 다행인 것은 2008년 글로벌 금융위기보다는 그 강도가 약할 것이라고 전망한 점이다.

전 연방준비제도이사회(이하 연준) 의장 벤 버냉키Ben Bernanke의 전망은 훨씬 비관적이다. 그는 2018년 8월 워싱턴에서 열린 한 정책 토론회에서 미국 경제는 2020년에 '와일 코요테Wile E. Coyote'가 절벽 아래로 떨어지는 것처럼 사정없이 곤두박질칠 것이라고 예견했다.[5] 미국의 유명 애니메이션 캐릭터인 와일 코요테는 주인공인 로드 러너에게 당해 매번 절벽 아래로 끝없이 추락하는 모습을 보여준다.

2018년 5월 미국의 경제지인 《월스트리트저널》이 경제학자 60명을 설문조사한 결과도 이와 크게 다르지 않다. 조사 결과 응답자의 59%가 '2020년부터 미국에 불황이 시작될 것'이라고 내다보았다.[6] 2021년에 위기가 올 것으로 전망한 학자는 22%로, 2020년에 이어 두 번째로 높았다. 경제학자 5명 중에 무려 4명이 2021년 안에 불황이 시작될 것이라고 내다본 셈이다.

이처럼 위기가 오기 전에는 미리 수많은 불길한 전망이나 전조가 등장하기 시작한다. 그런데 그 전조가 처음 나타나면 당장이라도 위기가 시작될 것처럼 호들갑을 떨지만, 전조가 계속 거듭되면 결국 만연한 위기론에 지쳐 점점 이를 무시한다. 그 결과 정작 위기가 눈앞에 닥쳤을 때 아무런 대비 없이 위기를 맞아 큰 손실을 입고 뒤늦게 후회

하는 경우가 적지 않다.[7]

　이렇게 반복된 위기의 전조 때문에 정작 진짜 위기가 다가오는 것을 놓치는 원인을 '하인리히 법칙Heinrich's law'에서 찾을 수 있다. 여행자보험 회사인 트래블러스 보험사Travelers Insurance Company의 손해관리 부서를 담당하던 허버트 하인리히Herbert William Heinrich는 7만 5천 건의 산업재해를 분석한 후 매우 흥미로운 사실을 발견했다.

　산업재해로 사람이 사망하거나 중상을 입는 큰 사고가 한 건 일어났다면, 그전에 같은 원인으로 가벼운 부상을 입는 사고가 29번 일어나고, 또 다칠 뻔했다가 운 좋게 피한 사건이 300번이나 일어난다는 사실을 밝혀냈다. 즉 중상과 경상, 그리고 사소한 사고의 비율이 1:29:300의 비율로 일어나는 현상을 그의 이름을 따서 '하인리히 법칙'이라고 부른다.[8]

　2008년 글로벌 금융위기가 일어나기 전에도 크고 작은 금융 불안과 주택시장의 버블 붕괴 가능성에 대한 우려의 목소리가 여러 차례 터져 나왔다. 하지만 이런 금융 불안이나 경고가 매번 큰 위기 없이 지나가자, 사람들은 위기를 경고하는 목소리에 점점 더 둔감해졌다. 그 결과 금융위기를 알리는 중요한 시그널이 곳곳에서 등장했지만, 대부분의 경제 주체들이 이를 무가치한 소음Noise으로 치부하고 무시했다가 그만 큰 어려움에 빠졌다.

　처음 위기의 시그널이 등장했을 때 너무 성급하게 위기를 속단해서도 안 되지만, 거꾸로 너무 많은 시그널에 지쳐 이를 무시하면 큰 낭패를 당할 수 있다. 큰 지진이 나기 전에는 크고 작은 전진前震이 일어나는 법이다. 만일 전진이 잦아진다면 이에 경각심을 갖고, 뒤이어 닥칠 본진本震에 대비해야 한다.

그렇다면 위기의 해로 지목한 경제학자나 투자전문가들의 예상대로 2020년에 정말 경제 위기나 경기 불황이 시작된다고 확언할 수 있을까? 혹은 영화 〈빅쇼트〉의 천재적인 금융투자자들조차 성급하게 위기를 판단했다가 2년이나 고통 받았던 것처럼 너무 성급한 판단은 아닐까?

불확실한 미래,
위험한 확신

1859년 영국에서 호주로 이민을 온 토마스 오스틴Thomas Austin은 취미가 사냥이었지만, 호주에는 마음에 드는 사냥감이 없었다. 사냥을 즐기기 위해 영국에서 토끼 24마리를 호주로 들여와 농장에 풀어놓았다. 이 중 재빠른 토끼 몇 마리가 도망쳐 호주의 넓은 평원으로 달아났다. 오스틴은 이를 대수롭지 않게 여겼지만, 도망친 고작 몇 마리의 토끼들이 호주 생태계에 치명적인 위험을 몰고 왔다.

토끼는 워낙 번식력이 좋기 때문에 단 몇 마리만 있어도 순식간에 기하급수적으로 불어난다. 오스틴의 농장에서 달아난 토끼들은 천적이 없는 호주에서 불과 10년 만에 수천만 마리로 불어나 호주 전역으로 퍼져 나갔고, 이들이 호주 토착 동물의 먹이를 가로채 생태계를 황폐화시켰다.

다급해진 호주 정부는 토끼 굴을 폭파하거나 덫이나 독을 놓고, 심지어 호주 대륙을 종단하는 1,600km의 펜스를 설치하는 등 토끼가 대륙의 반대편까지 확산되는 것을 막기 위해 쓸 수 있는 모든 수단을 동원해보았다. 하지만 이러한 노력에도 불구하고 1950년 호주 대륙 전역에 토끼 수는 6억 마리를 넘어섰다.

이렇게 불어난 토끼가 호주의 생태계를 파괴하고 사막화를 가속하자, 결국 호주 정부는 생물학 무기까지 동원했다. 토끼가 감염될 경우 98%의 치사율을 보이는 점액종 바이러스Myxoma virus를 살포한 것이다. 그러나 효과는 잠시뿐이었다. 이 바이러스에 내성이 있는 토끼가 살아남아 금세 원래의 개체수를 회복했다.

단 24마리의 토끼가 호주의 녹지를 초토화·사막화시켜 토착 생물들을 위협하게 된 현상을 호주에서는 '토끼 페스트Rabbit pest'라고 부른다. 처음에는 그 누구도 오스틴이 들여온 고작 24마리의 토끼가 160여 년 동안 호주 생태계를 위협하는 토끼 페스트를 일으킬지 몰랐을 것이다. 이처럼 자연계에는 아주 작은 요인이 거대한 변화를 일으키는 경우가 적지 않다.

이 같은 현상은 경제 생태계에서도 동일하게 발생했다. 2000년대 초반 미국의 금융회사들은 부채담보부증권CDO, Collateralized Debt Obligation이라는 투자 상품을 출시했다. 처음 나왔을 때만 해도 부채담보부증권은 그저 높은 이윤과 안정성을 보장해주는 수많은 금융 신상품 중 하나에 불과했다. 그런데 이 새로운 금융상품이 저금리 시대에 투자할 곳을 찾지 못한 투자자들에게 폭발적인 인기를 끌면서 순식간에 금융회사들의 주력 상품이 됐다.

금융회사들은 전례 없이 안전한 고수익 상품이라며 투자자들을 유혹했지만, 사실 이 부채담보부증권에는 서브프라임 모기지비우량 주택담보대출 상품이 대량으로 포함되어 있었다. 금융회사들은 미국 전체의 부동산 가격이 하락하는 일은 절대 일어나지 않을 것이라고 믿었기 때문에, 이 위험한 상품을 안전하다고 믿었다.

하지만 집값이 폭락하자 이 상품의 실체가 적나라하게 드러났다. 주택담보대출을 받은 사람들이 원리금을 갚지 못하는 사례가 속출하자, 주택담보부증권의 대규모 부실 사태가 벌어졌다. 그것은 미국뿐만 아니라 유럽과 아시아 주요국들을 경제 위기로 몰아넣은 글로벌 금융위기를 불러왔다. 부채담보부증권이라는 새로운 금융상품이 세계 경제를 위기로 몰아넣는 단초를 제공한 셈이다.

이처럼 시장의 아주 작은 변화가 경제 주체들 사이의 수많은 상호작용을 거치면서 누구도 예상치 못한 거대한 변화를 일으키는 경우가 적지 않다. 이 때문에 필자가 연구해온 '복잡계 경제학Complexity Economics'[9]에서는 미래를 완벽히 예측하는 것이 사실상 불가능에 가깝다고 여긴다.

이러한 한계는 '2020년 위기론'에서도 나타난다. 앞서 설명한 바와 같이 유수의 경제 전문가들과 세계적인 투자은행들이 2020년을 위기의 해로 지목했지만, 아무리 뛰어난 전문가의 예측이라 해도 2020년 위기설을 확신해서는 안 된다. 물론 지금 세계 경제 상황이 작은 움직임만으로도 거대한 변화로 이어질 수 있는 임계 상태Critical State에 있는 것은 사실이다. 하지만 이런 경제 위기설 자체가 새로운 상호작용을 일으켜 경제를 예기치 못한 방향으로 이끌고 갈 수도 있다.

실제로 경제 위기론이 대중에게 확산되면 그 자체가 가계나 기업 등 경제 주체들의 소비활동이나 투자 방식에 영향을 미친다. 특히 정부가 직접 개입할 경우, 그 결과는 더욱 예측하기 어렵다.

앞서 소개한 미국 경제 위기설이 대중에게 파급되면서 2018년 말에 미국 주가가 폭락하고 다양한 불황의 시그널이 나타나자, 2019년 1월 미국 연준은 금리 인상에 대한 눈높이를 대폭 낮추고, 심지어 경기 둔화가 시작되면 다시 양적완화를 할 수도 있다고 언급해 시장을 안심시켰다.

이 같은 현상은 2011년에도 일어났다. 당시에도 글로벌 금융위기 이후 반짝 회복세를 보였던 유럽 경제가 다시 불황의 늪에 빠지는 더블딥Double dip 우려가 커지자, 유럽 은행은 전대미문의 마이너스 금리와 대대적인 양적완화를 실시하며 더블딥의 위기를 비교적 쉽게 넘어갔다.

2015년 말에는 중국발 경제 위기설이 나오면서 상하이 주가가 폭락하고 위안화 가치가 불안한 모습을 보였다. 공매도의 황제 조지 소로스George Soros가 위안화 가치 폭락에 베팅했다는 소문까지 퍼졌다. 하지만 중국 정부의 적극적인 경기 부양책에 미국 연준의 금리 인상 속도 조절까지 더해지면서, 중국은 물론 세계 경제는 위기를 빗겨갈 수 있었다.

이처럼 위기론 자체가 금융당국의 대응에 영향을 주고 경제 주체들의 다양한 상호작용을 일으켜 경제가 예기치 않은 방향으로 흘러간 사례가 적지 않기 때문에, 아무리 과거에 뛰어난 예측력을 보였던 전문가들이 한목소리로 위기설을 내놓더라도 이를 100% 맹신해서는 안 된다. 오히려 전문가들이 한목소리를 낼수록 경제 주체들이 더욱 격렬하게 반응하기 때문이다.

반대로 진짜 위기가 닥쳐왔던 2007년 글로벌 금융위기 때는 미국에 경제 위기가 닥쳐올 것이라고 예측한 경제 전문가가 극히 드물었다. 소수의 전문가가 위기를 내다보았지만, 시장은 그들의 혜안을 완전히 무시했다. 이 때문에 당시 세계 금융시장은 전혀 예측하지 못한 상황에서 갑작스럽게 위기를 맞았다. 이때 시장이 위기를 예측한 소수 전문가들의 말에 귀를 기울였다면 전혀 다른 결과가 나왔을지도 모른다.

영향력이 큰 경제 전문가들이 일제히 2020년을 특별히 지목해 경제 위기가 올 것이라고 경고하면, 시장이나 정책당국은 실제로 어떻게 반응할까?

우선 경제 주체들이 보다 보수적으로 대응할 가능성이 있다. 기업은 설비투자를 줄이고 공격적인 마케팅을 자제할 것이다. 가계는 위험자산에 대한 비중을 축소하고 현금성 자산을 늘릴 가능성이 크다. 이것이 가계의 소비나 기업의 투자를 위축시켜 경기 침체를 더욱 앞당길 수도 있다.

또한 반대로 경제 위기를 우려한 정부가 적극적인 부양책에 나서면서 일단 경제 위기의 위협에서 벗어나거나, 경제 위기가 도래하는 시기를 뒤로 미룰 수도 있다. 이처럼 경제 주체들이 서로 상호작용을 하며 미래가 끝없이 변해가기 때문에, 결코 현재 주어진 조건들을 가지고 판단한 경제 예측을 맹신해서는 안 된다.

그런데도 우리는 자신의 예측을 과신하는 경제 전문가들을 종종 볼 수 있다. 특히 과거 자신의 경험을 토대로 현재 주어진 조건에서 판단한 미래 경제 예측을 확신에 차서 고집하는 경우가 적지 않다. 하지만 아무리 날카롭게 경제 예측을 했더라도 주어진 조건 자체가 끊임없이 변화하는 경우에는 그 예측 결과도 빗나갈 가능성이 있다.

또한 경제 주체들은 과거의 경험을 토대로 끝없이 진화해가기 때문에, 과거의 경험에 의존하며 미래를 예측하는 것은 더욱 위험한 일이다. 이미 위기를 겪었던 정부와 기업, 가계는 과거와 유사한 위기에 대해서는 대체로 대비가 되어 있어서 과거의 위기 상황이 똑같이 재현되는 경우는 흔치 않다.

역으로 한 번 위기를 겪었다고 영구히 그런 위기에 면역을 갖게 된다고 기대하는 것도 금물이다. 경제 주체들이 과거의 위기를 교훈 삼아 진화해가는 것처럼, 경제 위기 역시 바이러스처럼 꾸준히 돌연변이를 일으키며 우리를 위협한다. 그러므로 과거의 위기 경험을 바탕으로 철저히 대비했다는 금융당국의 말만 믿어서도 안 된다.

그렇다면 우리는 어떻게 미래를 내다보아야 할까? 이를 위해서는 매일 엄청난 양의 정보를 쏟아내는 시장에서 정확한 시그널을 골라내는 훈련을 해야 한다. 그 시그널을 활용하기 위해 이를 철저히 분석하고 조합하는 방법을 찾아야 한다. 특히 무의미한 정보인 노이즈Noise나 우리를 현혹하는 가짜 시그널에 속지 않도록 유의하면서 진짜를 가려내야 한다. 이를 통해 스스로 거대한 경제 흐름을 읽는 힘을 키울 수 있다.

시그널을 파악하는 자가
내일의 부를 차지한다

독일계 유대인인 로스차일드Rothschild 가문은 막강한 재력으로 긴 시간 동안 큰 영향력을 행사해온 탓에 온갖 신화 같은 이야기들이 전해 내려오고 있다. 이 중에는 진실도 있지만 부풀려진 것도 적지 않다. 로스차일드가를 둘러싼 이야기 중에 가장 대표적인 것이 네이선 로스차일드Nathan Rothschild가 정보력을 활용해 큰돈을 벌었다는 '워털루 신화'다.

1815년 6월, 워털루에서 나폴레옹이 이끄는 프랑스군과 영국-프로이센 연합군의 운명을 건 전투가 벌어졌다. 워털루 전투는 향후 유럽 패권의 향방을 가를 뿐만 아니라 경제적인 측면에서도 매우 중요한 전투였다. 워털루 전쟁에서 영국이 승리하면 채권 값이 폭등하고, 패배하면 금값이 폭등할 수 있는 상황이었다.

당시 영국의 투자자들은 어디에 투자했느냐에 따라 한순간에 큰 부를 거머쥘 수도, 빈털터리가 될 수도 있었다. 이 때문에 영국 투자자들은 남보다 먼저 전쟁의 향방을 아는 것이 중요하다고 생각하고, 이를 위해 정부에 줄을 대거나 전장을 잘 아는 소식통을 찾기 위해 혈안이 돼 있었다.

이때 네이선 로스차일드는 남보다 한발 앞서 나갔다. 전장을 따라 자신이 직접 운영하는 정보망을 촘촘히 깔아놓고, 이를 재빨리 전달하는 통신체계까지 만들었다. 덕분에 나폴레옹의 패배가 확실해지는 순간 로스차일드의 정보원들은 영국 정부보다도 먼저 로스차일드에게 승리의 소식을 전달할 수 있었다.

적어도 네이선이 전장의 상황을 누구보다도 먼저 파악했다는 것까지는 대체로 실제 역사에 부합한다. 그런데 네이선 로스차일드가 승전 소식을 받아든 순간부터 믿기 힘든 신화가 덧붙여졌다. 네이선이 이렇게 먼저 얻은 승전 소식을 활용해 시장을 농락하고, 사기를 쳐서 천문학적인 돈을 벌었다는 것이다.

이 신화에 따르면 네이선이 직접 부둣가까지 달려와 승전 소식이 담긴 급전을 받아든 직후, 곧바로 증권거래소로 달려가 영국 국채를 내다팔았다. 그가 국채를 내다파는 것을 보고 다른 투자자들은 네이선이 영국의 패배 소식을 가장 먼저 접한 것이라고 생각하고 그를 따라 국채를 투매하기 시작했다. 결국 영국 국채 가격은 20분의 1 수준으로 폭락했다.

시장이 패닉에 빠진 순간 때가 됐다고 생각한 네이선은 비밀리에 준비해놓은 거래원들에게 닥치는 대로 국채를 사들이도록 지시했다. 뒤늦게 워털루 전투에서 승리한 것이 영국이라는 소식이 거래소에 전해지자, 국채 가격은 다시 폭등해 네이선은 그 자리에서 20배가 넘는 차익을 챙겼다. 그리고 대부분의 영국 국채를 손에 넣어 거부가 된

그는 영국 정부를 쥐락펴락하기 시작했다.

이것이 바로 네이선이 워털루 전투를 통해 유럽의 정·재계를 뒤흔들 수 있을 만큼 큰돈을 벌었다는 신화의 내용이다. 정말 극적인 스토리지만 신뢰가 무엇보다 중요했던 당시 유럽 재계 상황을 고려하면 사실일 가능성이 매우 낮다. 누구나 다 알 수 있는 비열한 수법으로 다른 투자자를 속이고 사기를 쳐서 돈을 번 사람이 어떻게 영국 금융시장을 쥐락펴락했다는 말인가? 네이선이 영국 금융시장을 주도하게 된 것은 단순히 돈이 많아서가 아니라 그만큼 금융계의 신뢰를 얻었기 때문이었다.

더구나 워털루 전투를 전후한 네이선의 실제 자산 상황은 이 같은 신화와 거리가 멀다. 네이선은 나폴레옹이 엘바섬을 탈출했을 때 전쟁이 오래갈 것이라 생각하고, 일찌감치 국채를 팔고 금을 사두었다. 이 때문에 예상 밖의 영국 승전으로 네이선은 치명적인 재정 타격을 받을 수 있는 위태로운 상황에 처했다.

그러나 다행스럽게도 네이선이 전선에 심어놓은 정보원들 덕분에 영국의 승전 소식을 누구보다도 먼저 파악할 수 있었다. 이 소식을 입수한 네이선이 손해를 감수하고 금을 판 덕분에 가문이 파산하는 최악의 상황만은 막아냈다.

또 국채 가격이 하루아침에 20분의 1로 토막이 났다가 다시 20배나 오르는 극적인 변화도 없었다. 국채 가격은 워털루 승전 이후 서서히 올랐다. 당시 영국의 일반적인 투자자들은 승전 소식을 국채 가격에 바로 연결시키지 못했기 때문이다. 이에 비해 네이선은 국채 가격이 오를 것으로 내다보고 서서히 국채를 사들였다. 나중에 국채 가격이 오르기 시작하자, 네이선은 금에서 본 투자 손실을 만회하고도 남을 만큼 큰돈을 벌었다.

그렇다면 네이선의 '워털루 신화'는 도대체 어떻게 탄생한 것일까? 세계적인 역사학자인 니얼 퍼거슨Niall Ferguson은 1940년 나치 정권의 선전장관인 파울 괴벨스Paul Goebbles가 유대인을 악역으로 만들기 위해 이처럼 유대인인 네이선이 다른 투자자들을 농락하고 사기를 쳐서 부를 축적한 것처럼 윤색하고 과장한 것이라고 설명한다.[10]

그러나 네이선이 그 누구보다 뛰어난 시그널 분석능력을 활용해 자신의 부를 지키고, 심지어 더 큰 부를 쌓는 소중한 기회로 삼았던 것만은 분명한 사실이다. 시그널을 활용하기 위해서는 네이선처럼 시그널을 남보다 빨리 입수하는 것만이 아니라, 그 시그널의 정확한 의미를 파악하고 적절히 활용할 줄 알아야 한다. 남보다 먼저 시그널을 입수했더라도 그 의미를 이해하고 분석할 능력이 떨어진다면, 그 어떤 중요한 시그널도 결국 노이즈가 될 뿐이다.

이제 정보화시대라는 말에 걸맞게 세상에 쏟아져 나오는 정보량이 기하급수적으로 늘어나, 단 하루 동안 인터넷에서 유통되는 정보량이 1제타바이트Zeta Bytes를 넘을 정도가 됐다. 1제타바이트는 10의

21제곱 바이트, 즉 1,000,000,000,000,000,000,000바이트라는 엄청난 정보량을 의미한다.

그렇다면 이렇게 정보가 많아진 것이 마냥 좋은 일일까? 정보량이 급증하면서 하루에 쏟아지는 정보조차 파악하기가 쉽지 않다. 더구나 필요한 정보와 그렇지 않은 정보를 구별하거나 그 경중을 따지기는 더욱 어려워졌다. 이 때문에 꼭 필요한 정보인 '시그널'과 이를 방해하는 '노이즈'를 정확하게 구별하는 것이 그 어느 때보다 중요하다.

그런데 자신의 신념과 일치하는 정보는 받아들이고 그렇지 않은 정보는 무시하는 '확증편향確證偏向'에 빠지면, 자신의 편견을 강화하는 쪽으로 정보를 편식해서 받아들이게 된다. 경제시스템 속에서는 언제나 뜻밖의 반전이 찾아올 수 있기 때문에 그 어떤 방향이든 확증편향에 빠지는 것은 너무나 위험하다.

또한 인간은 불확실성을 극도로 싫어하는 경향이 있어서, 시그널이 아닌 노이즈에서조차 존재하지도 않는 패턴을 찾아내려는 습성이 있다. 서로 관계없는 노이즈들에서 찾아낸 패턴과 규칙성은 당장 그럴듯해 보이지만, 경제의 근본적인 흐름과 관련 없는 엉뚱한 패턴에 집착하면 결국 치명적인 손실을 보게 될 것이다.

게다가 경제 상황은 역동적으로 변화하기 때문에 경제 상황이 보내는 시그널이 시간의 흐름에 따라 달라지는 경우가 적지 않다. 과거에 의미가 있었다는 이유로 예전에 통용되던 시그널에만 의존해 미래를 분석하는 것도 더없이 위험한 접근 방식이다. 지금처럼 변동성이 큰 상황에서는 경제가 보내는 새로운 시그널을 찾아내고, 끊임없이 예측을 수정해가야 한다.

언론이 말하는
가짜 시그널에 속지 않는 법

불황은
가짜 시그널을 만든다

오스트리아 와인은 유럽에서 그리 인기 있는 와인이 아니었다. 그러나 1970년대 후반 귀부병貴腐病, Noble rot이라는 병충해가 오스트리아 포도 농장을 휩쓸면서 반전이 일어났다. 귀부병이란 귀하게 부패했다는 뜻으로, 귀부병에 걸리면 포도에 있던 수분이 줄어들어 포도알이 쪼그라들고 마치 썩은 것처럼 보이지만 당도는 크게 올라간다. 귀부병에 걸린 포도로 와인을 만들면 달콤하고 점도가 높아서 독특한 풍미를 자랑하는 '귀부 와인'이 된다. 그래서 귀부병은 오스트리아 와인 농장에 축복이나 다름없었다. 1970년대 유행했던 귀부병 덕분에 와인 수출이 크게 늘면서 오스트리아는 유럽 3대 와인 수출국이 됐다.

하지만 1980년대 초반, 무슨 이유에서인지 더 이상 귀부병이 유행하지 않았다. 오스트리아 와인은 다시 예전의 평범한 와인으로 돌아갔다. 호황이 아예 없었다면 모를까, 이미 호황을 맛보았던 오스트리아 농가들은 과거의 영광을 쉽게 포기하지 못했다.

와인에 다른 첨가물을 넣는 것 자체가 불법임에도 오스트리아 와인업계는 귀부병이 유행했을 때와 같은 달콤하고 진득한 맛을 내는 와인을 만들기 위해 온갖 첨가물 실험을 실시했다. 그러던 중 우연히 자동차 부동액을 와인에 넣었더니 놀랍게도 귀부 와인과 같은 맛이 나는 것을 발견했다. 이후 오스트리아는 와인에 부동액을 섞어 세계로 수출했다.

희한하게도 '부동액 와인'이 고급 귀부 와인과 비슷한 맛을 낸 덕분에 오스트리아의 와인은 과거의 명성을 되찾고 다시 호황을 누렸다. 이웃 나라들은 오스트리아에서 귀부병이 사라진 뒤에도 어떻게 귀부 와인이 계속 쏟아져 나올 수 있는지 의심하기 시작했다. 이런 상황에서 오스트리아의 한 와인 업체가 세금을 돌려받기 위해 부동액 구입비용 영수증을 국세청에 제출하는 바람에 와인에 부동액을 섞은 사실이 만천하에 드러나게 되었다.

이것이 바로 1985년 유럽을 발칵 뒤집어놓았던 '오스트리아 와인

스캔들'이다.[11] 사기극이 밝혀지자 오스트리아의 모든 와인 수출이 아예 중단되다시피 하면서 와인업계 전체가 휘청거릴 만큼 큰 타격을 받았다. 와인 스캔들이 한창 화제가 됐던 당시 유럽에는 '오스트리아 사람들은 추운 겨울에 반바지만 입고 돌아다니는데, 그 이유는 와인에 부동액을 섞어 마시기 때문이다' 같은 유머가 유행할 정도로 오스트리아는 국제적인 놀림감이 됐다.

경제 상황이 급격히 나빠지면 이전에 호황을 맛보았던 경제 주체들이 그 달콤함을 잊지 못하고 이윤이 줄어드는 것을 막기 위해 사기극을 벌이는 경우가 적지 않다. 예를 들어 금융회사들은 창구직원들이 고객에게 수수료가 가장 비싼 상품을 권유하도록 유도한다. 금융회사 창구에서 적극적으로 권유하는 상품은 고객보다는 창구직원의 인사 가점이나 성과급에 유리할 때가 더 많다.

경기가 악화되면 정부는 일단 이를 숨기려 든다. 우리나라뿐만 아니라 미국 같은 선진국도 마찬가지다. 부시 전 미국 대통령은 2008년 글로벌 금융위기가 오기 직전까지 미국 경제는 튼튼하다며 자신감을 계속 피력했다. 하지만 곧 미국 경제는 전대미문의 위기 앞에 속수무책으로 무너졌다.

경제가 내리막길로 접어들면 정부와 금융회사, 언론 등에서 온갖 가짜 시그널이 난무한다. 특히 위기 속에서 자기 것을 잃지 않으려는 경제 주체들이 끊임없이 가짜 시그널을 만들어내기 때문에, 이에 속아 정말 중요한 시그널을 놓치게 되면 낭패를 당할 수밖에 없다. 요컨대 지금처럼 경제 상황이 급변하는 시점에는 그 어느 때보다도 가짜 시그널에 대한 경각심을 갖고 냉철하게 그 진위를 판별할 줄 알아야 한다.

통계의 치명적 유혹에
속지 마라

미국에서는 살고 싶은 지역을 고를 때 도시나 구역별 범죄율을 참고한다. 미국의 정치 전문 잡지인 《CQ Congressional quarterly》는 범죄 발생 건수를 거주 인구수로 나눈 도시별 범죄 순위를 정기적으로 발표한다. 과연 인구당 범죄율 '숫자'가 우범지대인지 아닌지를 정확하게 나타낼까?

도심 지역은 거주 인구가 많지 않아서 통계상 인구수는 적지만, 아침부터 저녁까지 교외에서 출근한 통근자들로 북적인다. 그런데 도시로 들어온 교외 거주자들이 도심에서 범죄를 저지르면 도심 지역 범죄 발생 건수로 잡힌다. 따라서 범죄 발생 건수를 도심 지역 거주 인구수로 나누게 되면 도심의 범죄율이 과도하게 높아진다.

미국 세인트루이스는 거주 인구당 범죄율이 2위에 이른다. 하지만 세인트루이스를 악명 높은 범죄도시라고 단언할 수 있을까? 미국 미주리대학교 세인트루이스 캠퍼스의 리처드 로젠펠드Richard Rosenfield 교수와 재닛 로리슨Janet L. Lauritsen 교수가 통근자들이 저지른 범죄를 감안하여 수치를 보정했더니 120위로 떨어졌다.[12]

결국 미국의 거주 인구당 범죄율은 괜한 오해만 불러일으킬 뿐, 사실 아무런 의미 있는 정보를 주지 못한다. 그런데도 일부 학자들은 여전히 통근자 보정을 하지 않은 인구 비례 범죄율을 각종 연구에 인용하고 있다. 이런 통계는 지역주민들에게 그릇된 편견을 심어주거나 정부가 잘못된 범죄 대책을 만드는 데 주요한 원인이 될 수 있다.

이처럼 통계 숫자만을 맹신하는 것은 너무나 위험한 일이다. 특히 통계상의 상관관계와 인과관계를 혼동하는 경우가 많이 발생한다. 쉽게 말해 '까마귀 날자 배 떨어진다'는 우리 속담처럼, 두 사건이 서로 상관관계가 있다고 해서 반드시 한쪽 사건이 다른 사건의 원인이 되는 것이 아닌데도 인과관계로 오인해 오판을 할 때가 적지 않다.

더욱 위험한 것은 원인과 결과를 거꾸로 판단할 때다. 예를 들어 미국 주요 도시의 범죄 발생 건수와 경찰관 숫자의 관계를 조사했다고 치자. 둘 사이에 높은 상관관계가 있는 것을 확인하고, '경찰관 수가 많을수록 범죄 발생 건수가 많았다'고 주장한다면 이것이 과연 타당한 주장일까? 원인과 결과가 바뀐, 이 주장을 믿는다면 우범지역에서 경찰관 수를 줄이는 것이 범죄율을 낮추는 길이라는 엉뚱한 결론

을 내리게 될 것이다.[13]

이는 원인과 결과를 거꾸로 해석한 '역逆인과관계 오류'의 대표적인 사례다. 범죄율이 높은 도시에서는 당연히 경찰관을 늘릴 수밖에 없다. 앞서 말한 대로 범죄율은 유동인구에 비례해 높아질 수밖에 없는데, 대체로 유동인구가 많은 지역에서는 경찰 업무가 늘어나기 때문에 거주 인구 대비 경찰관 수만 보면 교외지역보다 훨씬 많은 것처럼 부풀려지게 된다.

경찰관 숫자와 범죄율 간의 인과관계 오류는 그래도 허점을 파악하기가 쉬운 편이다. 경제문제는 복잡한 상호작용Feedback을 통해 진화해가는데다 워낙 복잡·다양하기 때문에 상관관계를 인과관계로 착각하거나 역인과관계의 오류에 빠지기 쉽다.

주가가 급락한 경우를 예로 들어보자. 주가가 계속 떨어지면 그때마다 애널리스트들은 무엇이든 상관관계가 높아 보이는 특정 사건을 끌어와 주가 하락의 원인으로 지목한다. 이런 해석을 철석같이 믿은 투자자들은 특정 사건이 해소되면 주가가 다시 반등하리라 믿는다. 하지만 일단 약세장이 시작된 상황에서는 주가 하락의 원인이 겉으로 드러난 사건보다 잠재되어 있는 더 근본적인 문제에서 시작된 경우가 많다. 이 때문에 주가 하락의 원인으로 지목된 사건이 해소된 이후에 오히려 주가가 더 떨어질 때도 있다. 이처럼 정확한 인과관계를 파악하지 못하고 자기만의 확신에 빠져 투자를 하는 것은 매우 위험한 일이다.

특히, 자신이 믿고 싶은 방향의 통계만 편식해서는 안 된다. 이는 일반 투자자뿐만 아니라 경제 관료들도 흔히 저지르는 치명적인 실수다. 1997년 동아시아 외환위기가 다가올 때 우리나라 외환보유고는 이미 위험 수준을 넘어섰음에도 불구하고, 경제 관료들이 산업생산 같은 실물통계만 보며 펀더멘털Fundamental은 튼튼하다고 자신했던 것이 그 대표적인 사례다.

심지어 경제 관료들이 통계 자체를 바꿔 착시 현상을 일으키는 경우도 있다. 1990년대 후반 밀레니엄 버블로 주가가 끝없이 치솟아 오를 때 일각에서 미국의 노동생산성은 크게 높아지지 않았다며 버블을 경고하는 목소리가 나오기 시작했다. 그런데 1999년에 갑자기 미국의 노동생산성이 기적처럼 크게 향상됐다. 이 같은 통계가 나오자 일부 경제 전문가들과 투자은행들은 이제 과거의 경제법칙이 더는 통용되지 않는 신경제New economy의 기적이 나타났다고 떠들어댔다.

그러나 노동생산성의 극적인 상승은 단순한 통계 장난에 불과했다. 미국 노동통계국이 생산성 통계를 내는 방법을 바꾼 것이다. 생산성은 대체로 재화나 서비스의 부가가치로 측정한다. 즉 1시간에 100만 원의 부가가치를 내는 상품을 만들면 시간당 생산성은 100만 원이다. 1990년대 미국 정부는 기존의 생산성 측정 방식이 컴퓨터의 기술 향상을 제대로 평가하지 못하고 있다고 판단했다. 기술의 발전으로 컴퓨터의 성능은 끝없이 향상되는데 컴퓨터 가격이 계속 내려가는 바람에 첨단 정보통신 분야의 생산성 향상이 제대로 반영되지 않는다고 보았다.

미국 노동통계국은 생산성 통계에 컴퓨터의 성능 향상을 반영하기로 결정했다. 컴퓨터 가격이 똑같이 100만 원이라도 컴퓨터 성능이 2배로 높아진 경우에는 시간당 생산성을 2배로 높여 1시간에 200만 원의 부가가치를 올린 것으로 통계를 바꿨다.

덕분에 1990년대 시간당 노동생산성 상승폭은 고작 연평균 1~2%에 불과했지만, 1999년 3분기에는 5%, 4분기에는 6.4%로 치솟아 오르는 착시 현상이 일어났다. 이 같은 통계 장난은 당시 사상 최대로 치솟았던 주가를 정당화하는 논리로도 사용됐다.

그러나 이 같은 눈속임으로도 주가 대폭락으로 이어진 밀레니엄 버블 붕괴를 막지는 못했다. 2000년 미국의 기술주를 대표하는 나스닥지수가 폭락을 시작했고, 당시 미국 노동통계국의 생산성 통계를 믿었던 투자자들은 엄청난 손실을 입었다.

통계를 잘못 활용하는 것은 치명적인 위험을 가져온다. 뉴욕주는 병원 간 경쟁을 촉발시켜 의료 서비스를 향상시키겠다며 심장동맥 확장 수술을 받은 환자들의 사망률을 측정하는 채점표를 도입했다. 언뜻 보기에는 사망률을 비교하는 것이 심장 전문의들의 능력을 평가하는 객관적이고 합리적인 방법으로 보인다. 하지만 이 채점표는 심각한 왜곡을 가져왔다. 채점표에 민감해진 미국의 심장 전문의들이 위독한 환자에 대한 치료를 기피하고 온갖 핑계를 대서 다른 병원으로 이송했다. 이 때문에 로체스터대학교 의과대학의 조사 결과 뉴욕주 심장병 환자들의 83%가 제때 혈관확장 수술을 받지 못한 것으로 나타났다.[14] 게다가 아무리 위독한 환자라도 기피하지 않고 수술을 집도한 책임감 있는 의사들이 죽어가는 환자들을 막무가내로 내쫓은 부도덕한 의사들보다 더 나쁜 평가를 받는 아이러니한 결과가 생겨났다. 이처럼 잘못된 통계 활용은 사람의 목숨까지 위협하므로 상황과 현상을 면밀히 분석하고 예측한 다음 통계를 활용해야 한다.

언론은 믿음이 아니라 냉철한 분석의 대상이다

2003년 4월 4일 MBC는 "마이크로소프트 빌 게이츠 회장 피살"이라는 커다란 자막과 함께 "빌 게이츠 마이크로소프트 회장이 한 행사장에 참석했다가 총 2발을 맞고 인근 병원으로 실려 갔으나 숨진 것으로 판명됐다"며 구체적인 사망 원인까지 속보로 보도했다.

　이 같은 보도를 보고 SBS와 YTN, 인터넷 한겨레, 조선일보 인터넷뉴스 등 주요 언론사가 경쟁적으로 '빌 게이츠 피살'을 주요 뉴스로 보도했다. 이 소식이 나오자마자 코스피지수가 급락하고 마이크로소프트와 경쟁 관계에 있던 한글과컴퓨터 주가는 9%가 치솟는 등 금융 시장이 요동쳤다.

이윽고 이 보도는 어이없는 오보로 밝혀졌다. 미국의 한 네티즌이 만우절을 맞아 재미로 만든 가짜 CNN 사이트가 원인이었다. 이 네티즌이 장난삼아 만든 빌 게이츠 피살 뉴스에 속은 MBC가 속보를 내자 다른 언론사들은 이를 확인도 하지 않고 그대로 받아썼다. 더 어이가 없는 것은 《매일경제》가 이미 3월 29일에 이 가짜 CNN 사이트가 미국에서 재미있는 만우절 우스갯소리가 됐다고 보도했는데도 엿새나 지난 4월 4일에 우리나라 언론사들이 무더기로 오보를 냈다는 점이다.

MBC는 방송이 나간 지 10여 분쯤 뒤에야 오보라는 것을 깨닫고 사과했다. 뒤이어 다른 언론사들도 사과 방송을 하거나 사과문을 게재했다. 첫 보도를 낸 MBC가 "중대한 과실임은 분명하다"고 인정했지만 빌 게이츠 사망 소식을 듣고 패닉에 빠져 급히 주식을 투매했던 사람들의 손실은 그 무엇으로도 보상할 수 없었다.

언론의 오보는 우리나라만의 문제는 아니다. 미국 오리건대학교 마이어Maier 교수는 미국 언론 기사의 60%에 오류가 있다는 연구 결과를 내놓았다. 그러므로 이미 언론에 나온 기사라 하더라도 상식에 반한다면 합리적 의심을 하는 습관이 필요하다. 언론은 왜 이렇게 종종 잘못된 뉴스를 전달하는 것일까?

첫 번째 이유는 매일 속보 경쟁을 하느라 완벽한 검증능력을 가질 수 없는데다가 철저히 검증해야 할 유인도 크지 않아서다. 더구나 빌 게이츠의 사망 같은 큰 뉴스가 아니라면 나중에 진실이 밝혀지더라도 첫 오보를 쓴 언론사를 찾아내기가 쉽지 않다. 당장 솔깃한 뉴스를 하나라도 더 보도하는 편이 정확한 뉴스보다 구독률을 올리는 데 더 큰 도움이 되기 때문이다.

2009년 초, AP통신은 25일 동안 3,380km를 수영해 세계 신기록을 세웠다는 사람을 보도했다.[15] 얼핏 듣기에는 그럴듯한 뉴스로 생각되겠지만 계산해보면 인간으로서는 결코 도달할 수 없는 빠른 속도로 수영한 것이다. 1,500m 자유형 세계 신기록 보유자와 같은 속도로 25일 동안 24시간에 걸쳐 단 1초도 쉬지 않고 수영해야 가능한 기록이기 때문이다.

도대체 어떻게 이런 오보가 나온 것일까? 나중에 드러난 사실이지만 3,380km를 수영한 것이 아니라 25일 동안 보트 뒤를 붙잡고 있었던 것이었다. 그런데 세계적인 통신사인 AP통신이 이를 아무런 검증 없이 타전하자 세계 유력 언론이 앞다투어 보도했고, 그 사건의 주인공은 진실이 드러날 때까지 잠깐 동안 수영계의 전설적 인물로 떠올랐다.

AP통신이든 이를 받아쓴 언론사든 단 한 군데라도 간단히 나눗셈을 해보았다면 이 기록이 어이없는 허구라는 사실을 금세 알 수 있었을 것이다. 하지만 속보 경쟁을 하는 언론사들은 군이 검증하기 위해 시간을 쓰는 것보다 독자를 끌어들일 새로운 기사를 찾는 데 더 많은 시간을 쏟는다. 언론은 태생적으로 이런 한계를 갖고 있다. 전적으로 믿지 말고 조금이라도 이치에 맞지 않는 기사가 있다면 반드시 합리적 의심을 해보아야 한다.

두 번째 문제는 언론사나 기자가 취재원이나 광고주와의 이해관계에서 자유로울 수 없다는 점이다. 특히 부동산 관련 기사에 대해서는 그러한 의혹이 끊임없이 제기되고 있다. 2018년 9.13 부동산 대책 발표 직후 부동산시장은 '거래 절벽'이라고 부를 만큼 거래 자체가 중단됐다. 그런데도 신문사들은 그다음 달에, 정부의 부동산 규제에도 불구하고 거래량이 오히려 늘었다는 기사를 쏟아냈다.

2018년 10월 17일《문화일보》는 "거래 실종? … 10월 서울 아파트 거래량 올 (들어) 2위"라는 제목의 기사에서 10월 아파트 거래가 오히려 늘었다고 강조했다.《조선비즈》도 10월 9일 "쓸데없는 거래 절벽 우려… 서울 아파트 실거래 오히려 늘어"라는 제목의 기사에서 정부의 부동산 규제에도 불구하고 서울 아파트 거래가 당초 예상과 달리 오히려 늘어났다고 보도했다.

이제는 모두 아는 사실이 됐지만 9.13대책 이후 부동산시장은 실제 얼어붙었다. 그런데 왜 당시 기사들은 그렇게 나온 것일까? 그 비밀은 주택거래 신고제도에 있다. 당시 주택거래 신고제도에 따르면 집을 거래한 다음 60일 이내에만 등기를 하면 되기 때문에, 10월에 신고된 주택 거래 물량에는 8월이나 9월에 거래된 경우가 대거 포함되어 있었다. 9.13대책 이전에는 주택 거래가 폭증하고 있었기 때문에 10월에 신고된 주택 거래가 적지 않았던 것이다.

실제 10월에 거래된 물량을 확인하려면 적어도 11월 이후의 통계를 확인해야 한다는 것 정도는 경제부 기자라면 누구나 아는 상식이다. 심지어 《조선비즈》 기사는 이 같은 신고제도에 시차가 있다는 것을 자세히 소개해놓고도 10월 거래량이 늘었다며, "쓸데없는 거래 절벽 우려… 서울 아파트 실거래 오히려 늘어"라는 제목을 달았다.

더 큰 문제는 신문이나 방송에 등장하는 소위 부동산 전문가들이다. 이들은 각기 다른 직업을 가진 것처럼 직함이 다양하지만, 사실 부동산 개발을 하거나 금융회사에서 부동산 컨설팅을 하는 사람들이 대부분이다. 이런 전문가들은 아무리 실력이 뛰어나도 부동산 가격 상승에 자신의 이해관계가 얽혀 있기 때문에 부동산 가격 하락을 전망하기가 쉽지 않다.

2018년 한 경제전문 방송사는 부동산 관련 프로그램의 제작 권한을 부동산 분양업자에게 돈을 받고 팔았다는 의혹까지 샀다. 이런 의혹에 휩싸인 프로그램들은 방송시간 내내 집값 폭등 전망만 소개하고 실제로 특정 매물을 보여주면서 마치 홈쇼핑 광고처럼 당장 사지 않으면 다시는 살 수 없을 것처럼 절판 마케팅을 하기도 한다. 방송사가 돈을 받고 부동산 프로그램 제작 권한을 부동산업자에게 팔아넘긴 것이 아니라 해도 언론 윤리 측면에서 문제가 심각하다.

많은 언론사가 건설사 광고에 의존하기 때문에, 건설회사나 분양업자의 이해관계에서 자유로울 수 없다는 비판의 목소리가 나오고 있다. 특히 부동산 가격 폭등을 부추기는 기사는 항상 집값 광풍이 꼭지까지 치솟아 올랐을 때 쏟아져 나온다. 집값이 하락하기 전에 집값을 최대한 끌어올려 더 비싼 가격에 분양하려는 건설사와 이를 통해 광고를 유치하려는 언론사의 니즈가 맞아떨어져서다. 버블의 광기는 파국으로 치닫기 직전에 가장 강렬하게 우리를 유혹한다.

세 번째 문제는 언론사가 같은 사안을 갖고도 그 시기나 목적에 따라 완전히 다르게 해석한다는 것이다. 2004년과 2005년 소주 판매량 관련 기사가 대표적인 사례다. 2004년 소주 판매량이 줄어들자 《동아일보》는 "불황 장기화… 서민 술 소주도 안 팔린다"라는 기사를, 또 《조선일보》는 "소주도 돈 없어 못 마셔… 내수불황 끝 안 보인다"라는 제목의 기사를 보도했다.[16] 불황으로 가계소득이 줄어들면 소주를 많이 못 마실 수 있다고 충분히 생각할 수도 있어 제법 그럴듯하게 들린다.

그런데 2005년에 소주 판매량이 사상 최고치를 기록하자 같은 언론사가 전혀 다른 해석을 내놓았다. 《동아일보》는 "불황 시름 소주·담배로 달랬나?"라는 제목의 기사를, 또 《조선일보》는 "(불황 때문에)

홧김에 술·담배 더 했다"는 내용의 기사를 보도했다. 결국 소주 판매량이 줄어든 것도 불황 탓, 소주 판매량이 늘어난 것도 불황 탓이라는 거다.

실제 경제 상황은 어땠을까? 사실 불황이 찾아온 것은 2004년이 아니라 신용카드 대란이 일어났던 2003년이었다. 소주 기사가 처음 나왔던 2004년에는 경기가 급속히 회복세를 타면서 성장률이 4.6%까지 회복되어 굳이 분류하자면 호황에 가까웠다. 이 때문에 불황으로 돈이 없어서 소주를 못 마셨다거나 홧김에 소주를 더 마셨다는 것은 당시 경제 상황에 부합하지 않는다.

우리 언론은 경제기사조차도 보도 방향을 미리 정해놓고 거기에 사실을 끼워 맞추는 일이 허다하다. 따라서 언론에 나오는 관점과 해석을 무비판적으로 수용했다가는 상황을 오판하여 자산을 잃어버리거나 소중한 투자 기회를 놓칠 수 있다. 자산을 지키고 싶다면 언론이 전달하는 객관적 지표와 그들이 덧붙이는 해석을 분리하여 철저히 분석하고 합리적으로 의심하며 비판적으로 수용하는 훈련이 필요하다. 특히 경제문제와 같이 복잡한 문제는 가짜 뉴스라는 것을 쉽게 알아차리기 어려우므로 더욱 주의해야 한다.

가짜 시그널을 가려내는
4가지 원칙

"초콜릿을 많이 먹는 나라에 노벨상 수상자가 많다."

유머사이트 같은 곳에서 나온 말이 아니라 2012년 세계적으로 권위 있는 의학저널 중 하나인 《뉴잉글랜드 약학지New england journal of medicine》에 정식 논문으로 실린 내용이다. 내과의사인 프란츠 메설리Franz H. Messerli는 초콜릿에 들어 있는 폴리페놀Polyphenol 성분이 인지능력 개선에 효과가 있다며, 초콜릿 소비량이 높은 나라에서 노벨상을 많이 받았다는 논문을 발표했다.

논문만 본다면 정말 초콜릿 소비량만큼 노벨상 수상자 수가 많은 것 같다. 하지만 이 논문은 발표되자마자 수많은 영양학자와 인지심리학자에게 비웃음의 대상이 됐다. 이 논문의 논거가 너무나 부실해 초콜릿을 많이 먹으면 노벨상 수상자가 늘어난다는 인과관계를 전혀 보여주지 못했기 때문이다.

음식에 포함된 폴리페놀이 노벨상에 영향을 미칠 만큼 인지능력 향상에 정말 도움을 주느냐도 문제지만, 폴리페놀은 녹차와 레드와인, 콩, 커피 등에도 광범위하게 들어 있기 때문에 폴리페놀을 함유한 음식을 초콜릿 하나로 한정한 이 연구는 심각한 결함을 갖고 있었다.

오히려 초콜릿 소비량이 많다는 것은 그 나라가 그만큼 잘사는 선진국임을 말해주고, 그래서 그런 나라에 노벨상 수상자가 많았을 가능성이 더 크다고 볼 수 있다. 그 뒤 이 논문은 의학이나 약학에서 인용되는 것보다 지표를 엉뚱하게 해석한 대표적 사례로 더 자주 인용되는 불명예를 안았다.

경제문제에서는 이처럼 시그널을 잘못 읽거나, 노이즈를 시그널로 착각하고 큰돈을 투자했다가 참혹한 실패를 경험하는 경우가 훨씬 더 많다. 이 때문에 정확히 시그널을 읽는 힘이 무엇보다 중요하다. 그렇다면 노이즈를 시그널로 오판하거나, 인과관계의 오류에서 벗어날 수 있는 방법은 없을까? 경제 시그널을 정확하게 읽기 위해서는 우리가 인간으로서 갖고 있는 약점을 극복하고 객관적으로 지표를 바라보려는 노력이 중요하다. 이를 위해 경제 시그널을 읽을 때 다음과 같은 4가지 원칙을 지켜보자.

1 │ 우리의 눈을 가리는 탐욕에서 벗어나라

물론 자본주의 사회에서 성공하고 돈을 벌려면 적절한 탐욕이 있어야 한다. 하지만 방향이 잘못된 탐욕은 우리의 이성을 마비시킨다. 특히 주식 같은 위험 상품에 투자할 때 아직 실현되지도 않은 수익만을 상상하면서 투자해서는 안 된다. 탐욕에 눈이 멀면 시장에서 보내는 최악의 위험 신호조차 아전인수 격으로 긍정적으로 해석한다.

2 | 확증편향에 빠지지 마라

투자에 나서는 사람은 최대한 객관적으로 상황을 판단해야 한다. 따라서 확증편향에 빠지는 것은 매우 위험하다. 확증편향이란 자신의 선입견에 맞는 시그널만 수용하거나 자신에게 유리한 정보만을 선택적으로 받아들여 자기가 보고 싶은 것만 보는 것을 뜻한다. 일단 확증편향에 빠지면 그 어떤 정보도 자신의 믿음에 부합하도록 제멋대로 왜곡해서 받아들인다. 확증편향에 빠지지 않도록 상황을 객관적으로 바라보아야 한다.

3 | 최악의 순간에도 공포에 사로잡히지 마라

일단 경제 상황이 악화되기 시작하면 공포에 빠지기 쉽다. 호황의 끝자락에서 그 호황이 끝없이 계속될 것으로 믿다가 낭패를 당하는 것처럼, 위기의 심연에 이르면 공포에 사로잡혀 그 어떤 경기 회복 신호도 보지 못하고 기회를 놓친다. 기회는 항상 위기와 함께 찾아온다. 그러나 공포에 굴복하면 결코 그 기회를 볼 수도, 잡을 수도 없다. 사람은 집값이든 주식 가격이든 오른 다음에 관심을 갖게 마련이다. 하지만 최고의 투자 기회는 남들이 모두 포기하거나 절망한 최악의 순간에 찾아온다.

4 | 항상 플랜 B를 준비하라

안타깝게도 완벽한 예측이란 존재하지 않는다. 세상은 완벽한 예측이 불가능한 복잡계Complex systems의 영역에 놓여 있다. 특히 경제는 수많은 상호작용 속에서 비선형으로 움직이는데다가 전혀 예측하지 못한 리스크, 즉 블랙스완Black swan이 언제든 나타날 수 있다. 따라서 돌발 변수에도 무너지지 않는 포트폴리오를 구성해두거나 예측하지 못한 변수에 대응할 수 있는 '플랜 B'를 항상 준비해둔다.

다음 2부에서는 미래를 내다보는 데 필요한 7가지 중요한 경제 시그널을 소개하고, 그 정확한 의미를 파악해본다. 다양한 정보 속에서 중요한 시그널을 선별하고 이를 분석해 미래에 대처하는 것은, 앞으로 격변하는 경제 환경에서 새로운 역전의 기회를 만드는 데 가장 중요한 핵심 기술이 될 것이다.

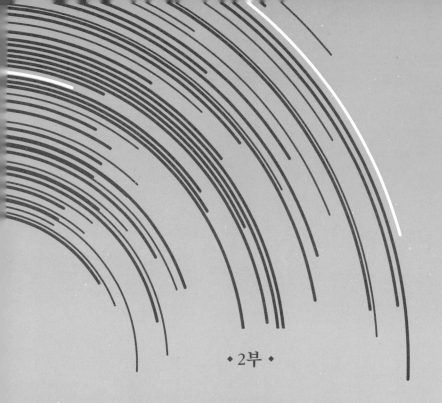

• 2부 •

7가지 시그널만 알아도 경제가 보인다

"냉철한 머리 그러나 따뜻한 가슴을."

| 앨프리드 마셜 Alfred Marshall |

1장

금리 시그널:
금리 인하가 시작되는
순간을 주목하라

미국의 금리 인상은
모두 위기로 이어졌다

1990년대 이후 글로벌 금융위기까지 미국 연준은 1994년, 1999년, 2004년 세 차례 기준금리를 인상했다. 그때마다 어김없이 경제가 불안해졌다. 과거에는 대체로 달러 외채가 많은 신흥국이 위기의 진원지가 됐지만, 최근에는 미국이나 유럽의 선진국들조차 금리 인상의 여파를 피해 가지 못했다.

1994년 미국은 물가를 잡겠다며 당시 연리 3%였던 기준금리를 끌어올리기 시작했다. 그러자 개발도상국으로 흘러갔던 자금이 금리가 높아진 미국으로 다시 되돌아오면서 당장 멕시코의 외환위기를 불러일으켰다. 그리고 금리 인상이 마무리된 지 2년 만에 태국을 시작으로 아시아 외환위기가 일어나 우리나라까지 큰 고통을 받았다.

1999년에도 미국이 물가를 잡겠다고 연리 4.75%에서 1년 만에 6.5%로 금리 인상을 단행했다. 고작 1.75%포인트 올렸을 뿐인데 이 금리 인상이 미국뿐만 아니라 전 세계 IT기업의 주가가 모두 폭락한 '밀레니엄 버블 붕괴'의 도화선이 됐다. 그 결과 1999년 11,500대를 돌파했던 다우존스 산업평균지수는 3년 만에 35%나 폭락하여 7,400대까지 추락했다. 나스닥지수는 4,300대에서 1,100대로 4분의 1토막이 났다.

세 번째 금리 인상기는 2004년이었다. 집값이 유례없이 폭등하는 등 자산시장에 과열 현상이 일어나자, 연준은 1980년대 이후 가장 빠른 속도로 금리를 끌어올렸다. 무려 17차례에 걸친 금리 인상 끝에 2004년 초 연리 1.0%였던 기준금리가 2006년 7월에는 연리 5.25%까지 뛰어올랐다.

그 결과는 참담했다. 연준의 금리 인상이 끝난 뒤 정확히 1년이 지난 2007년부터 미국 부동산 가격이 하락하기 시작했다. 부동산 가격이 조금 하락했을 뿐인데도 빚을 갚을 수 없는 가계가 급증하면서 급기야 대규모 금융 부실 사태로 번졌다. 결국 2008년 글로벌 금융위기로 파장이 확산되면서 미국과 유럽은 물론 신흥국까지 극심한 고통을 겪어야 했다.

이처럼 1990년대 이후 글로벌 금융위기까지 세 번의 금리 인상기마다 지구촌 어디에선가는 자산 가격 버블이 붕괴되거나 금융위기가 일어나는 파국을 맞았다. 과연 2015년부터 시작된 연준의 금리 인상기에는 과거와 달리 위기를 피해 갈 수 있다고 장담할 수 있을까?

이번 금리 인상기에는 예전에 비해 금리를 크게 올리지 않은 상황임에도 여기저기서 심상치 않은 증상이 나타나고 있다. 금리 인상 초입이었던 2018년 초에는 아르헨티나, 터키 등에서 위기의 징후가 나타났다. 2019년에는 세계 경제의 유일한 엔진이라고 불렸던 중국에서 급격한 경기 둔화 신호가 나타나고 있다. 이처럼 벌써부터 세계 곳곳에서 불안 신호가 감지되는 것은 그동안 세계 경제의 기초 체력이 그만큼 약화됐기 때문이다.

2008년 글로벌 금융위기 이후 초저금리와 천문학적 양적완화에 취해 흥청망청 즐겨왔던 중국과 일부 신흥국들은 앞으로 금리 인상에 따른 여파에 가장 취약한 나라가 될 것이다. 그동안 저금리 자금에 취한 신흥국 기업들이 마구잡이로 설비를 늘리는 바람에 생산 과잉이 일어났다. 게다가 풍부한 자금이 부동산 가격을 끌어올리면서 세계 각국에 심각한 자산 가격 버블을 만들었다.

이런 상황에서 연준이 2015년부터 금리 인상을 시작하자 상황이 급반전됐다. 저금리 시절 신흥국으로 몰려들던 돈이 서서히 금리가 높아진 미국 등 선진국 금융시장으로 빠져나가면서 신흥국 자금시장에 비상이 걸린 것이다.

특히 2015년 6월 5,100대를 돌파하면서 사상 최고치를 기록했던 중국 상하이지수는 2015년 12월 미국이 금리를 인상하기 시작한 이후 지속적으로 하락하면서 2년여 만에 반 토막 수준으로 추락했다. 인도나 인도네시아, 브라질의 통화 가치는 미국이 금리 인상을 시작한 이후 2년여 만에 20~30%나 급락했다.

이렇게 신흥국에서 자금이 계속 빠져나가면 주가 급락이나 통화 가치 하락, 부동산 가격 붕괴 같은 불안 현상이 나타날 수밖에 없다. 이 같은 자산 가격 하락이 대규모 부실 사태로 번지면 금융시스템까지 흔들리면서 신용경색이 일어날 수도 있다. 세계 금융시장이 통합되면서 한 나라에서 금융위기가 시작되면 다른 신흥국에서도 자금을 회수하기 때문에, 신용경색이 국경을 넘어 다른 신흥국으로 확산되는 경우가 적지 않다.

연준은 대체로 경기가 가장 좋을 때 금리 인상을 시작하기 때문에 금리 인상 초기에는 오히려 주가나 부동산 가격 등 자산 가격이 치솟아 오르는 경우가 많다. 이 때문에 미국의 금리 인상 초기에는 과거와 달리 이번 금리 인상은 위기를 불러오지 않을 것이라는 기사가 쏟아져 나오고, 이번에는 다를 것이라는 헛된 믿음이 한동안 자리 잡는다.

하지만 그런 믿음과는 달리 늘 미국의 금리 인상은 다가올 경기 둔화를 알리는 중요한 시그널이 되어왔다. 특히 우리는 금리 인상을 멈추는 순간에 주목할 필요가 있다. 연준은 경기 둔화의 가능성이 보이면 금리 인상을 중단하기 때문이다. 그런 측면에서 미국이 금리 인상을 시작하는 것은 호황의 파티가 절정을 향해 달려가는 것을 보여주는 시그널로, 그리고 금리 인상 중단은 파티가 곧 끝난다는 것을 알려주는 시그널로 봐야 한다.

금리 인상이
멈추는 순간을 주목하라

2015년부터 시작된 최근의 미국 금리 인상은 전례 없이 느리고 점진적이라는 점이 가장 큰 특징이다. 게다가 미국 연준이 금리 인상에 앞서 시장에 정확한 신호를 주고, 그 신호에 맞춰서 인상하고 있다. 왜 연준은 이렇게 느리고 친절하게 금리를 인상하고 있을까? 이런 점진적이고 미약한 금리 인상을 마냥 좋게 받아들일 수 있을까?

미국의 금리 인상 속도가 한없이 느리고, 인상폭도 크지 않은 것을 무조건 좋은 시그널로 받아들일 수만은 없다. 연준이 신중한 태도를 보이는 데는 다 그만한 이유가 있다.

첫 번째 이유는 미국의 금리 인상 시기마다 세계 어디에선가 경제 위기가 일어났다는 것을 연준이 잘 알고 있어서다. 연준이 금리를 빠르게 올렸다가 신용경색이 일어나면 자칫 그 위기가 세계로 파급되어 글로벌 금융위기에서 가까스로 회복한 세계 경제에 큰 타격을 줄 수 있기 때문이다.

두 번째 이유는 2008년 글로벌 금융위기로 미국 역시 금리 인상 여파에 타격을 받을 수 있다는 두려움이 생겼기 때문이다. 사실 2008년 글로벌 금융위기 이전에는 미국이 금리를 인상해도 신흥국에서나 위기가 일어났을 뿐 미국 같은 선진국은 안전지대처럼 여겨졌다. 이 때문에 미국은 다른 나라의 위기 상황에 아랑곳하지 않고 금리 인상을 결정했다. 심지어 미국의 금리 인상으로 발생한 신흥국 위기는 미국 월가에 천문학적인 돈을 벌어주기도 했다. 예를 들어 동아시아 경제 위기 이후 한국과 동남아시아의 주가와 통화 가치가 함께 대폭락하자, 선진국 금융자본은 반의 반값 이하로 떨어진 한국과 동남아시아 자산을 헐값에 사들여 큰돈을 벌었다.

하지만 2008년 글로벌 금융위기의 진원지가 됐던 미국은 그 이후부터 금리 인상에 매우 신중해졌다. 미국 경제가 돈의 힘으로 간신히 일어난 만큼 이번에 금리 인상 속도 조절을 잘못했다가는 자칫 1930년대 후반처럼 미국 경제가 더블딥에 빠질 수 있기 때문이다. 1930년대 후반 미국은 세계 대공황을 완전히 벗어났다고 생각하고 금리를 올렸다가 극심한 불황을 맞았던 경험이 있다.

세 번째 이유는 2008년 이후 오랫동안 미국의 기준금리가 제로금리 상태여서 금리를 조금만 올려도 미국은 물론 세계 경제에 큰 충격을 줄 수 있기 때문이다. 예를 들어 연 5%였던 금리가 연 7.5%가 되면 금리는 1.5배 인상된 것에 불과하지만, 0.25%였던 금리가 2.75%가 되면 11배가 인상된다. 똑같이 금리를 2.5%포인트를 올린 것이지만 애초에 금리가 어느 수준이었느냐에 따라 그 충격은 다를 수밖에 없다.

네 번째 이유는 제로금리와 양적완화에도 불구하고 그동안 물가가 이해할 수 없을 만큼 안정되어 있었기 때문이다. 연준이 아무리 신중하게 금리를 인상한다고 해도 물가가 급등하면 어쩔 수 없이 금리를 따라 올렸을 것이다. 하지만 불행인지 다행인지 미국 경기가 활황임에도 불구하고 비교적 물가 오름세가 높지 않아서 신중하게 금리 인상을 결정할 수 있었다.

2008년 이후 아무리 천문학적으로 돈을 풀어도 저물가가 지속된 원인은 아직 미스터리로 남아 있다. 추정컨대 미국을 비롯한 주요 선진국에서 고령화가 급격히 진행되면서 마치 1990년대 일본처럼 생산 연령인구의 감소와 고령화로 경제 활력이 약화되어 물가 상승 압력이 크게 줄어들었을 가능성이 있다. 또한 세계화가 진전되면서 글로벌 공급 체인을 통해 세계 각국에서 얼마든지 저비용 생산이 가능해진 것도 물가 안정의 중요한 원인일 수 있다. 중국의 기업들이 낮은 임금과 정부의 보조금, 그리고 국영은행의 저금리 자금 덕분에 값싼 공산품을 전 세계로 수출하면서 물가 상승 속도를 늦췄을 것이다.

연준이 금리를 느리게 인상한 가장 큰 원인은 미국 경제의 기초체력이 저하된 탓이 크다. 과거 미국 경제는 호황기에 연리 5~6%의 기준금리는 충분히 버틸 만한 저력이 있었다. 하지만 지금의 미국 경제는 10년 장기호황이라는 명성에 걸맞지 않게, 연리 2%대 후반의 금리조차 견디지 못할 만큼 기초체력이 약화됐다.

만일 연준이 연리 3% 초반대도 넘지 못한 상태에서 금리 인상을 멈춘다면 이는 매우 중요한 시그널이다. 천문학적인 양적완화와 제로금리로 만들어낸 2008년 이후 지난 10년간의 호황이 그동안 다른 호황에 비해 얼마나 취약한지를 고스란히 드러내는 것이기 때문이다.

앞으로 우리가 주목해야 할 중요한 시그널은 바로 미국 연준이 기준금리 인상을 중단하는 시점이다. 연준이 금리 인상을 중단하면 언론과 증권가는 이제 금리 인상 걱정을 덜었다며 주가 상승을 점칠 가능성이 높다. 실제로 1995년과 2006년에는 금리 인상 중단 이후 주가가 10% 넘게 상승했다.

하지만 이 같은 주가 상승은 오히려 불이 꺼지기 직전 타오르는 마지막 불꽃과 같다. 미국 연준의 금리 인상 중단은 결코 긍정적인 시그널로만 볼 수는 없다. 연준이 금리 인상을 멈추었다는 것은 미국 경기의 활황이 끝나고 경기 둔화의 신호가 잡히기 시작했다는 것을 뜻한다.

실제로 금리 인상을 중단한 이후 6~24개월 뒤에는 대체로 주가가 급락했다. 심지어 2000년에는 금리 인상 중단 직후 닷컴버블이 붕괴되면서 주가가 폭락하기도 했다. 사실 연준은 미국 최고의 경제 전문가들이 모여 있는 곳이다. 연준보다 더 경제를 꿰뚫어 보고 있는 곳을 찾기는 어렵다. 그러므로 연준의 기준금리는 연준이 어떻게 경기를 판단하고 있는지를 알려주는 중요한 시그널인 셈이다.

그렇다면, 2019년 이후 어느 시점에선가 연준이 금리 인상을 중단하면 어떻게 될까? 이번에는 금리 인상 속도가 유례없이 느렸고 더뎠기 때문에 과거와는 다른 양상이 펼쳐질 가능성이 있다.

일단 긍정적인 측면을 먼저 살펴보면 경기 둔화가 시작되더라도 이전의 금리 인상기처럼 시스템 리스크를 키워 금융위기로 확산될 가능성은 다소 줄었다. 연준이 금리 인상을 거듭 경고하고 이에 대비할 수 있는 시간을 충분히 주었기 때문에, 미국뿐만 아니라 세계 각국이 금리 인상을 사전에 대비하고 적응해 나갈 수 있는 여유가 있다.

반면 부정적인 측면도 만만치 않다. 이번에는 연준이 충분히 금리를 올리지 못한데다가 천문학적인 양적완화를 단행해온 탓에 당장 불황이 시작되면 금리를 낮출 여지가 별로 크지 않을뿐더러 워낙 시중에 많은 돈을 풀어서 돈을 더 풀기도 쉽지 않다. 이 때문에 금융당국이 불황에 맞서 경기를 부양할 정책적 여력이 그 어느 때보다도 취약한 상황이다.

게다가 트럼프 대통령이 집권하면서 10년 장기호황 막판에 감세와 재정 지출 확대 등 재정 정책까지 동원하는 바람에 이런 수단들을 추가로 쓸 여력마저 소진된 상태다. 이 때문에 시스템적인 금융위기의 가능성은 다소 줄어들었지만, 대신 경기 침체가 온다면 이를 조속히 회복시킬 정책적 수단이 많지 않다.

'장단기 금리 역전'은 시작 버튼이 아니다

금리는 돈을 빌리는 기간이 길면 더 높아질까? 아니면 짧을수록 높아질까? 보통은 돈을 빌리는 기간이 길수록 금리가 높은 게 정상이다. 예를 들어 똑같이 1억 원을 빌려줄 때 10년을 빌려주는 것과 1년을 빌려주는 것을 비교해보자. 10년을 빌려줄 경우 온갖 위험이 더 커지기 때문에 금리가 1년보다 높지 않으면 돈을 빌려주는 것을 꺼리게 될 것이다.

이 때문에 시장에서 10년 만기 장기 국채와 1년 만기 단기 국채가 거래될 경우, 대체로 1년 만기 국채보다 10년 만기 국채의 금리가 높다. 그런데 가끔씩 예외적으로 장기 금리가 단기 금리보다 낮아지는 '장단기 금리 역전' 현상이 벌어질 때가 있다. 대체로 장단기 금리 역전 현상이 경기 불황을 미리 알려주는 중요한 시그널로 알려져 있다.

왜 불황을 앞두고 장단기 금리 역전 현상이 일어나는 것일까? 단기 금리는 현재의 경제 여건에 가장 큰 영향을 받는다. 당장 자동차를 구입하거나 냉장고 같은 내구재를 구입하려는 사람들이 늘어날 때 단기 자금 수요가 늘어난다. 이에 비해 장기 금리는 먼 미래의 경제 성장에 대한 기대를 반영한다.

그런데 지금 당장은 경기가 좋지만 현재의 호황이 미래에도 이어지지 못할 것이라고 생각하는 경제 주체가 늘어나면 어떻게 될까? 그러면 단기 자금 수요가 많아지면서 단기 금리는 장기에 비해 상대적으로 올라가지만, 미래에 대한 불안 때문에 저축을 늘려 장기 채권을 사두려는 사람들이 늘어나게 되면 장기 금리는 상대적으로 떨어진다.

이 때문에 호황의 끝으로 갈수록 장기와 단기 금리가 점점 가까워진다. 그리고 그 우려가 점점 더 커지면 장기와 단기 금리가 역전되는 현상마저 일어난다. 이처럼 장기와 단기 금리의 차이가 점점 좁혀지거나 심지어 역전되는 것은 경제 주체들이 현재 경기가 호황의 막바지에 다다랐음을 얼마나 강하게 느끼는지를 보여주는 지표다.

실제로 장기 금리와 단기 금리가 역전되거나 그 차이가 축소된 이후 통상적으로 6~18개월 뒤에 경기 침체나 위기가 찾아온 경우가 많았다. 이 때문에 장단기 금리 차 축소나 역전은 경기의 향방을 알리는 강력한 시그널이라 할 수 있다. 통상적으로 2년물이나 6개월물 단기 국채 금리가 10년물 장기 국채 금리보다 높아지면 이를 '장단기 금리 역전' 현상이라고 한다.

미국의 장단기 금리 차에 대한 최신 데이터를 직접 확인하기 위해서는 세인트루이스 연방준비은행이 제공하는 경제통계 사이트 FRED Federal Reserve Economic Data 홈페이지를 방문하는 것을 추천한다.[1] 장단기 금리 차이뿐만 아니라 온갖 시그널을 담은 중요한 경제통계를 무료로 제공하여 매우 유용한 곳이다.

아래 그림은 1983년 이후 미국의 10년 만기 국채 금리에서 2년 만기 국채 금리를 뺀 그래프다. 그래프를 잘 보면 세 번에 걸쳐 장단기 금리가 역전된 것을 확인할 수 있다.

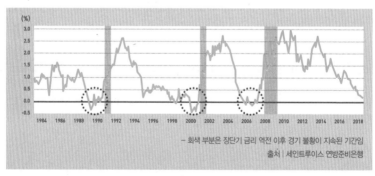

– 회색 부분은 장단기 금리 역전 이후 경기 불황이 지속된 기간임
출처 | 세인트루이스 연방준비은행

10년 만기 국채 금리에서 2년 만기 국채 금리를 뺀 수치(T10Y2Y)

첫 번째 역전은 1989년 1월에 일어났다. 그리고 얼마 지나지 않아 일본의 주가버블이 붕괴됐고, 1990년에는 스웨덴 등 북유럽 3개국의 부동산버블 붕괴가 일어났다. 그리고 그해 여름에는 미국의 주가지수가 20% 이상 급락했다.

2000년 초에도 장단기 금리가 역전됐는데 곧바로 닷컴버블 붕괴가 일어나 미국 주가지수가 폭락했다. 특히 기술주 중심의 나스닥지수는 2000년 2월부터 2년 반 동안 줄곧 하락세를 보이면서 무려 78%가 폭락해 5분의 1토막이 났다. 그야말로 사상 최악의 낙폭을 기록했다.

2006년 또다시 장단기 금리 차가 역전된 이후 1년 정도 지난 2007년부터 미국의 부동산 가격과 주가가 서서히 하락하기 시작하더니, 2008년에는 대폭락을 하고 급기야 미국발 글로벌 금융위기가 일어났다. 이후 글로벌 금융위기 극복에 사상 초유의 양적완화와 제로금리까지 동원해야 했다.

이와 같이 장단기 금리가 역전될 때마다 위기나 불황이 찾아왔기에 이제 2014년 이후 시작된 장단기 금리 차 축소에 주목해야 한다. 그래프로 확인할 수 있는 과거 세 번의 장단기 금리 차 역전처럼 이번에도 빠른 속도로 차이가 0에 가까워지고 있다. 조만간 장단기 금리가 역전될 가능성을 배제할 수 없는 상황이다.

장단기 금리 차가 급격히 축소되는 것은 우리나라도 마찬가지다. 2018년 12월에는 국고채 3년물과 10년물의 금리 차이가 2년 2개월 만에 0.2%포인트 이내로 축소됐다. 한국은행이 금리를 인상했음에도 불구하고 경기에 대한 비관적 전망이 장기 금리의 상승을 계속 짓누르고 있다. 다만 우리나라의 장단기 금리 차는 경기 선행지표로서 효용성이 미국보다 떨어지기 때문에 참고자료로만 살펴보는 것이 좋다.

장단기 금리 차를 바라볼 때 중요한 점은 장단기 금리 축소 현상 자체가 불황을 의미하는 것은 아니라는 것이다. 장단기 금리 차가 축소되는 시기에는 눈앞의 호황이 절정으로 치달으면서 자산 가격이 치솟아 오르는 경우가 적지 않았기 때문에, 장단기 금리 차 축소 자체를 위기의 시그널로 인식했다가는 자칫 최고의 호황을 놓치는 실수를 범할 수 있다. 실제로 2004년 이후나 2013년 이후 장단기 금리가 축소될 당시 미국의 집값과 주가는 유례없이 빠른 속도로 치솟았다.

앞서 설명한 대로 장단기 금리가 역전되자마자 곧바로 위기나 불황이 시작되는 것이 아니라 상당한 시차가 있는 경우가 적지 않다. 또 장단기 금리 차이가 줄어드는 시점보다 바닥을 치고 다시 반등하는 시점에 위기나 불황이 찾아올 때도 많다. 그러므로 한없이 가까워졌던 장단기 금리 차이가 다시 멀어지는 시점에 주목할 필요가 있다.

장단기 금리 차이가 역전되는 것만 주의하면 된다는 생각도 위험한 접근 방식이다. 장단기 금리가 반드시 역전되지 않더라도 이미 격차가 상당히 줄어든 시점에서 외부 충격이 발생하면, 역전이 일어나기 전에 곧바로 경기 불안으로 이어질 수도 있기 때문이다. 따라서 역전의 순간을 포착하는 데만 집착하지 말고 장단기 금리 차이의 변화 자체에 주목해야 한다.

연준의 금리 인상과 금리 인하가 세계 최고의 전문가 집단의 판단 이라면 장단기 금리 차이는 시장 참여자들의 집단지성이 만들어낸 결과물이다. 예측의 정확성을 따지자면 연준의 금리 결정보다 장단 기 금리 차가 더 중요한 시그널이다.

특히 연준의 결정은 정치권의 영향을 크게 받기 때문에 예측의 시 그널로 활용하는 데 한계가 있다. 예를 들어 연준이 2020년 트럼프 대통령의 재선을 고려해 조기에 금리 인상을 중단하거나 오히려 인 하를 할 수도 있다. 이 때문에 금리가 주는 시그널을 정확히 파악하려 면 시장 참여자들의 집단지성이 투영된 장단기 금리 차이를 조금 더 눈여겨볼 필요가 있다.

부채 시그널:
규모보다는 속도가 중요하다

빚더미로 만든 가짜 호황에
속지 마라

2007년에 개봉한 〈버블로 고! 타임머신은 드럼 방식 バブルへGo!! タイム
マシンはドラム式〉이라는 영화는 일본이 얼마나 장기불황 이전의 거품
시대를 그리워하는지를 잘 보여준다. 일본의 국민 여배우로 불리던
히로스에 료코가 시간을 거슬러 일본 부동산버블이 터지기 직전으로
돌아가 일본의 장기불황을 막는다는 얘기다.

술집에서 파트타임으로 일하며 일본의 장기불황 시대를 살아가
던 마유미히로스에 료코는 어느 날 어머니가 자살했다는 청천벽력 같은

소식과 함께 자신의 남자친구가 200만 엔의 빚 때문에 도망갔다는 얘기를 듣는다. 절망 속에서 사채업자에게 쫓기던 마유미는 어머니의 도쿄대학교 동창이자 재무성 관료인 한 남성을 만난다.

이 남성은 타임머신을 타고 과거로 돌아가 부동산 규제 정책이 시행되는 것을 막아주면 마유미의 빚을 해결해주겠다고 제안한다. 결국 마유미는 드럼세탁기처럼 생긴 타임머신을 타고 17년 전으로 돌아간다. 마유미가 타임머신을 타고 돌아간 버블 경제 시절의 일본은 풍요의 시대로 그려진다. 우연히 파티가 열리는 장소에 갔다가 택시비는 물론 200만 엔 경품까지 받는다.

마유미는 일본의 버블이 꺼지기 직전 일부러 일본 경제를 망치기 위해 부동산 규제 정책을 쓰려던 사악한 경제 관료를 막아내고 일본의 버블을 지키는 데 성공한다. 그로 인해 현재가 완전히 바뀌면서 일본은 여전히 1980년대처럼 흥청망청 버블을 즐기며 놀라운 번영을 구가한다. 마유미 본인도 더할 나위 없이 행복해하며 완벽한 해피엔딩으로 끝난다.

사실 이 영화처럼 버블이 붕괴되면 위기 당시 현직에 있던 관료를 경제 위기의 주범으로 생각하는 경향이 있다. 1980년대 후반 일본 경제의 진짜 문제는 뒤늦게 나온 부동산 규제 정책이 아니라 이미 사상 초유로 부풀어 올랐던 버블에 있었다. 경제 위기를 야기한 진짜 범인은 자기 임기 동안 경제가 좋아진 것처럼 눈속임하기 위해 빚더미로 가짜 호황을 만든 관료들인 것이다.

일본 버블 붕괴의 배경에는 1986년 일본의 대장상·우리의 재정경제부 장관이 된 미야자와 기이치宮澤喜一가 있었다. 미야자와 기이치는 일본 경제가 그리 나쁘지 않았는데도 불황을 극복해야 한다며 부유층에 대한 소득세를 크게 낮춰주었다. 그 결과 세수가 크게 줄어들었고, 천문학적인 나랏돈을 풀어 대규모 경기 부양책을 실시하는 바람에 국가 부채가 급격히 늘어났다.

게다가 미야자와는 자신의 임기 동안 경제 성장률을 더 끌어올리기 위해 일본의 중앙은행인 일본은행에 기준금리를 인하하라고 압박했다. 당시 일본은행은 "일본 경제가 불만 붙이면 활활 타오를 마른 숲Dry woods이 됐다"며 금리 인하 요구에 우려와 불만을 표시했다. 하지만 기세등등한 대장성·우리의 재정경제부의 압력에 밀려 결국 대대적인 금리 인하를 단행할 수밖에 없었다.

막대한 재정적자와 초저금리가 함께 어우러지면서 만들어낸 빚더미는 괴물처럼 무섭게 자라나 한때 세계에서 가장 건실했던 일본 경제를 집어삼켜버렸다. 착실하게 모은 돈으로 안전한 투자를 선호해왔던 일본인들은 공짜나 다름없어진 돈을 빌려 주식과 부동산에 한없이 투자하기 시작했고 일본의 주가와 부동산 가격은 천정부지로 치솟았다.

일본 경제에 감당할 수 없을 만큼 빚더미가 불어나고 있다는 경고의 목소리가 세계 곳곳에서 터져 나왔지만, 일본인들은 이 경고를 자신들의 놀라운 번영을 질투하는 소리로 치부했다. 빚더미로 만든 가짜 호황에 취한 경제 관료와 언론은 심지어 이제 일본이 세계 경제를 이끌어야 한다는 '일본 앵커Anchor론'까지 내세웠다.

그러나 거대한 빚더미로 지탱되던 일본 경제는 종이호랑이에 불과했다. 어느 날 갑자기 자산 가격 급등이 너무 지나치다고 생각한 대장성과 일본은행이 대출 창구 규제와 금리 인상을 동시에 단행하자, 결코 떨어지지 않을 것이라고 믿었던 부동산 가격이 한순간에 3분의 1토막이 날 정도로 와르르 무너져 내렸다.

빚더미에 대한 경고에 전혀 귀를 기울이지 않고 무방비 상태로 버블을 방치해왔던 일본 정부가 뒤늦게 일본 경제를 되살려보려 발버둥 쳤지만, 이미 붕괴되기 시작한 빚더미는 어떤 방법을 써도 되돌릴 수 없었다. 결국 버블이 붕괴된 이후 일본 경제는 20년이 넘는 장기 불황을 겪어야 했다.

빚더미를 한껏 부풀려 일본 경제에 위기의 씨앗을 심었던 미야자와 기이치는 버블 붕괴 이후 어떻게 됐을까? 그는 오히려 승승장구하며 총리까지 역임하고 다시 경제부처의 수장까지 맡았다. 빚더미가 붕괴될 때 경제 정책 담당자는 경제 위기를 몰고 온 사람으로 손가락질을 받지만, 정작 빚더미를 부풀린 경제 수장은 살기 좋았던 호황 때의 경제 수장으로 기억되기 때문이다.

1990년대 일본 경제의 수장으로 복귀한 미야자와 기이치는 1980년대 일본을 빚더미에 깔리게 만들었던 과거의 정책을 반복했다. 그는 1980년대처럼 또다시 대규모 감세를 단행하고 세수 부족을 메우기 위해 더 많은 국채를 발행했다. 그 결과 1990년대 버블 붕괴 이후 그나마 남아 있던 일본의 재정 건전성을 완전히 무너뜨리고 말았다. 빚더미에 의지한 미야자와의 경기 부양 정책은 전체 재정적자의 절반을 국채 이자를 갚는 데 쓸 정도로 재정 구조를 악화시킨 단초가 되었다.

미야자와의 빚더미 정책은 '내 임기만 아니면 된다Not In My Term'는 전형적인 님트NIMT 정책이다. 관료는 임기가 정해져 있기 때문에 자신이 재임하는 동안에만 경제가 좋은 것처럼 포장하면 그만이다. 그에 따라 발생할 수 있는 골치 아픈 문제는 모두 다음 정부에 떠넘긴다. 그러면 대중은 위기 당시의 정책 책임자에게 책임을 묻는다.

이런 구조에서는 감당할 수 없을 정도로 빚더미를 부풀리더라도 당장 내 임기 동안에만 경기 부양을 하는 것이 우월한 전략Dominant strategy이 되기 때문에, 대부분의 정부는 커지는 빚더미를 줄이기는커녕 오히려 빚을 부풀려 경기를 부양하려는 경향이 있다. 이로 인해 위기가 당장 눈앞에 닥치지 않는 한 정부가 바뀔 때마다 빚더미는 점점 더 위험 수위를 향해 부풀어 오른다.

물론 경제가 성장하면 빚도 늘어나는 것이 당연한 현상이다. 하지만 소득이 증가하는 속도에 비해 빚더미가 훨씬 더 빠르게 부풀어 오르는 것은 매우 위험하다. 특히 GDP국내총생산 대비 부채 비율이 급격히 상승하는 것은 매우 주의 깊게 보아야 할 위기 시그널이다. 그 대표적인 사례가 바로 1980년대 일본이다. 1980년 일본의 가계, 기업, 정부 부채를 모두 합친 총 부채의 GDP 대비 비율은 190%에서, 1990년에는 275%로 무려 85%포인트나 급증했다.[2] 이처럼 부채가 빠른 속도로 불어난 직후 결국 버블 붕괴가 일어났다.

2008년 글로벌 금융위기 직전 미국도 마찬가지다. 2000년 미국의 총 부채 비율은 180%에 불과했지만 2008년 글로벌 금융위기 당시 총 부채 비율은 230%로 뛰어올랐다. 이처럼 부채가 급증한 직후 세계 최고의 금융 강국이라고 자부하던 미국도 결국 글로벌 금융위기의 진원지가 되고 말았다.

우리는 흔히 현재 빚이 얼마나 많은가에 많은 관심을 갖는다. 특히 국가 간의 부채 비율을 비교하며 부채 비율이 높은 나라가 더 위험하다는 식으로 접근한다. 실제로는 부채의 절대치보다 최근 빚이 얼마나 빠르게 증가했느냐가 더 중요한 시그널이다.

모건스탠리 신흥시장 총괄대표인 루치르 샤르마Ruchir Sharma와 그의 팀은 1960년부터 150개 나라의 민간부채 비율의 변화와 경제 위기의 관계를 연구했다.[3] 그 결과 경제 위기를 겪은 나라들은 하나같이 위기 직전 5년 동안 민간부채 비율이 지나치게 급등했다는 공통

점을 발견했다.

샤르마는 1997년 동아시아 금융위기의 진원지가 된 태국을 대표적인 사례로 꼽았다. 1992년 태국의 민간부채 비율은 GDP 대비 98% 정도였지만 불과 5년 뒤인 1997년에는 부채 비율이 무려 165%로 급증했다. 하지만 태국은 유례없이 빠른 성장에 취해 부채의 위험성을 간과했다가 치명적인 경제 위기를 겪어야 했다.

루치르 샤르마 팀이 금융위기를 겪은 나라들을 조사한 결과, 5년 동안 GDP 대비 민간부채 비율이 최소 40%포인트 이상 높아진 30개 나라 가운데 18개 나라가 5년 안에 금융위기로 고통을 받았다. 특히 그리스와 아일랜드의 경우에는 2008년 이 기준을 돌파하자마자 국가부도 위기를 겪었다. 일단 부채위기가 시작되면 5년 동안 GDP 성장률이 절반 이상 줄어들 정도로 심각한 경제적 타격을 받았다.

IMF국제통화기금도 부채의 증가 속도에 주목하고 있다. IMF는 GDP 대비 민간부채 비율이 5년 안에 30%포인트 이상 빠르게 증가한 43개 나라 가운데 38개 나라가 금융위기나 성장 둔화를 겪었다고 밝혔다. 또 GDP 대비 민간부채 비율이 연 1%포인트씩 오를 때마다 그 나라에서 금융위기가 발생할 확률이 0.4%씩 높아진다고 추정했다.[4] 결국 과거 5년 동안 GDP 대비 민간부채 비율이 30~40%포인트 이상 증가한 것은 위기를 예고하는 강력한 시그널이라고 할 수 있다.

문제는 지금 세계 전체의 빚더미가 불어나는 속도가 전례 없이 빠르다는 점이다. 2018년 IMF 총재 크리스틴 라가르드Christine Lagarde는 세계 부채의 가파른 증가가 위험 수위를 넘어섰다고 경고했다.[5] 또 부채 문제가 세계 경제의 잠재적 위험요소이고 앞으로의 성장에 그림자를 드리우고 있다며 비 오는 날을 대비해 지금 바로 부채를 줄이기 위해 노력해야 한다고 강조했다.

실제로 전 세계 부채 규모는 감당할 수 없을 만큼 빠른 속도로 불어나고 있다. IMF가 '재정 모니터 보고서'를 통해 밝힌 2016년 세계 190개국의 정부, 가계, 기업 부채를 합친 총 부채 규모는 무려 164조 4천억 달러19경 4천조 원나 됐다. 과도한 빚 때문에 글로벌 금융위기를 불러왔던 2007년 세계 총 부채 115조 9천억 달러보다도 무려 42%나 급증한 수치다.

IMF는 또 재정 모니터 보고서를 통해 부채 문제가 가장 심각한 나라로 미국과 중국을 꼽았다. 트럼프 대통령이 통과시킨 1조 5천억 달러 규모의 감세안과 3천억 달러의 신규 지출로 미국 정부의 부채가 급증하고, 재정 건전성이 빠르게 악화될 것이라고 보았다. IMF는 경제가 활기를 띨 때 불필요한 부양책을 삼가야 한다고 경고했다.

중국의 상황은 훨씬 더 심각하다. 중국은 글로벌 금융위기 이후 전 세계에서 가장 빠르게 부채가 늘어난 국가다. 2007년 4조 9천억 달러였던 중국의 부채 규모가 2015년에는 25조 5천억 달러로, 무려 5배가 넘게 늘어났다. 2007년부터 9년 동안 늘어난 전 세계 부채 증가액 중에 43%가 바로 중국에서 늘어난 빚이었다.

중국의 GDP 대비 가계 부채 비율은 2012년 28%였으나 5년 뒤인 2017년에는 48%로 급증했다.[6] 게다가 같은 기간 기업 부채 비율은 무려 40%포인트나 뛰어올랐다.[7] 이 때문에 2012년 이후 5년 동안 중국의 부채 증가 속도는 샤르마가 제시한 위기의 마지노선인 40%포인트보다 훨씬 더 높은 75%포인트를 넘어선 상태다.

사실 2008년 이후 지속된 중국 고성장의 비밀은 상상을 초월할 정도로 빠르게 불어난 빚더미 덕분이라고 할 수 있다. 더 이상 빚더미를 감당할 수 없는 순간이 오면 중국은 그동안 이루어낸 성장 폭의 상당 부분을 고스란히 반납해야 할지 모른다.

우리나라도 예외가 아니다. IMF는 2016년 말 우리나라의 GDP 대비 총 부채 비율이 232%로, 2006년의 183%에서 무려 49%포인트나 늘어났다고 밝혔다.[8] 특히 가계 부채가 23%포인트나 늘어나 기업이나 정부 부채 증가 폭을 압도했다. 부동산 부양책으로 가계의 부동산 담보 대출이 대폭 늘어난 탓이다.

이처럼 빚이 급속도로 불어난 국가의 위기 시그널은 무엇일까? 빚이 한없이 불어나는 시기보다 더 위험한 상황은 그렇게 늘어나던 빚이 정체되거나 오히려 줄어들기 시작하는 순간이다. 더 이상 빚을 감당할 수 없는 순간이 오면 빚이 증가하는 속도가 정체되기 때문이다.

빚이 급격하게 증가해온 나라에서는 빚으로 자산 가격을 끌어올린 경우가 대부분이다. 따라서 더 이상 빚이라는 연료가 공급되지 않으면 치솟아 오르던 자산 가격이 하락으로 급반전한다. 이때 무리하게 빚을 내서 자산을 샀던 사람들이 헐값에라도 자산을 처분하기 시작하면 자산 가격 하락과 부실 채권이 악순환의 고리를 만들며 불황으로 이어진다.

이 때문에 중국처럼 최근 GDP 대비 부채 비율이 40%포인트 넘게 늘어난 나라에서는 건전한 디레버리징Deleveraging, 부채 비율을 낮추는 것이 일어나기 어렵다. 빚이 급증한 나라에서 더 이상 빚이 늘어나지 않고 정체되거나 오히려 줄어드는 순간이 찾아오는 것은 중요한 위기나 불황의 시그널로 생각해야 한다.

다가오는 붕괴, 또다시 빚으로 막을 수 있을까?

옐로스톤Yellowstone은 미국인들이 가장 방문하고 싶어 하는 대표적인 국립공원이다. 그곳에 1988년 6월 산불이 일어나 강한 바람을 타고 공원 전역으로 번졌다. 산불을 잡기 위해 인력과 장비가 총동원됐지만 공원은 무려 4개월간 계속해서 타들어갔다. 결국 산불을 잡은 것은 그해 9월 예년보다 일찍 찾아온 눈이었다. 이 대형 화재로 충청남도 면적보다도 넓은 옐로스톤 국립공원의 3분의 1이 완전히 타버려 국립공원으로 지정된 이후 사상 최대의 피해를 입었다.

산불의 원인은 벼락이었다. 옐로스톤에는 매년 수백, 수천 건의 벼락이 내리치지만 큰 피해를 일으키는 경우는 많지 않다. 그러면 1988년에 내리친 벼락은 왜 거대한 산불을 일으킨 것일까?

1872년 옐로스톤 지역을 국립공원으로 지정한 미국 정부는 수려한 자연경관을 보호하기 위해 적극적으로 산불을 끄기 위해 노력했다.[9] 원래 자연적으로 발생하는 크고 작은 산불은 생태계의 순환을 돕는 중요한 역할을 한다. 그런데 인위적인 노력으로 산불을 잡으면서 옐로스톤 국립공원의 숲에는 불에 타기 쉬운 마른 나무와 죽은 나무가 크게 늘어났다. 그로 인해 옐로스톤 국립공원은 한번 불이 붙으면 걷잡을 수 없이 번져나가는 상태로 변해갔다. 그러다 1988년에 내리친 벼락으로 산불이 일어나자 불길이 광기 어린 속도로 급속히 번져나간 것이다.

1988년 대화재 이전까지 국립공원 당국은 불길을 잡을 때마다 자신들이 소중한 옐로스톤 국립공원의 자연을 잘 보호하고 있다고 자부심을 가졌을지도 모른다. 실상은 반복된 산불 진화가 오히려 불안정성을 증폭시켜 작은 충격만으로도 파국을 부를 수 있는 상태였던 것이다.

전미관광협회는 관광객이 줄어들 것을 우려해 산불이 휩쓸고 지나간 옐로스톤에 인공적으로 나무를 심어 새로 조경을 해야 한다고 주장했다. 하지만 미연방국립공원관리청NPS은 인공조림을 거부하고 불에 타버린 모습 그대로 놔두기로 했다. 이 때문에 옐로스톤 국립공원에서는 1988년에 타다 남은 앙상한 나무들을 아직까지도 발견할 수 있다.

이후 미국 정부는 옐로스톤뿐만 아니라 어떤 국립공원에서도 자연적으로 발화한 산불은 되도록 끄지 않는다는 원칙을 세웠다. 인간의 개입이 오히려 더 큰 산불을 일으킨다는 교훈을 얻었기 때문이다.

미연방국립공원관리청과는 달리, 미국 금융당국은 과도한 인위적 개입을 반복했을 때 오히려 나중에 더 큰 위기를 불러올 수 있다는 옐로스톤 산불의 교훈을 아직도 깨닫지 못하고 있는 듯하다. 1980년대부터 금융위기가 주기적으로 찾아왔지만 미국 금융당국은 위기의 근본원인을 해소하지 않은 채 반복적으로 빚더미에 의지한 경기 부양책을 사용해왔다.

물론 경제 위기나 불황이 찾아왔을 때 일시적인 경기 부양책은 필요하다. 그렇다고 위기가 반복될 때마다 근본원인을 해소하지 않고 점점 더 강력한 부양책으로 당장의 위기만 모면하려고 하면, 그다음 위기에는 점점 더 큰 빚더미가 필요하게 된다. 결국엔 거대한 산불이 나기 직전의 옐로스톤 국립공원처럼 아주 작은 자극에도 괴멸하는 위기를 맞을 수 있다.

2008년 글로벌 금융위기 이후 미국은 제로금리에 가까운 사상 초유의 저금리 정책과 천문학적인 양적완화로 대응했다. 게다가 경기가 회복되기 시작한 2009년 이후에도 위기를 불러왔던 구조적인 문제는 전혀 해결하려 하지 않고 오직 돈을 풀어 눈앞의 경기를 부양하는 데만 급급했다.

미국 연준은 3차에 걸친 양적완화로 대규모 유동성을 시중에 공급하고 무려 6년 이상 연리 0~0.25% 수준의 제로금리를 유지했다. 금융위기 이전 4,796억 달러였던 연준의 채권 보유 규모는 4.5조 달러로 무려 10배 가까이 늘어났다. 어마어마한 통화량을 시중에 풀면서 민간이 보유한 채권을 무차별적으로 사들였기 때문이다.

미국뿐만 아니라 유럽연합, 일본, 중국은 물론 우리나라도 같은 방법으로 경제 성장을 유지해왔고 빚더미가 급속히 불어났다. 게다가 선진국들에서 양적완화로 풀린 천문학적인 자금이 저개발 국가로 흘러들면서 지구상의 그 어떤 나라도 급속히 불어난 빚더미에서 결코 자유로울 수 없는 상황에 이르렀다.

앞서 살펴본 것처럼 빚이 빠르게 늘어나는 것은 매우 위험한 시그널이다. 더구나 그동안 세계 각국이 빚을 부풀릴 수 있는 한계까지 부풀려놓은 탓에 이런 상황에서 경기 침체나 금융위기가 찾아올 경우 과거처럼 또다시 빚을 부풀려 재빠르게 경기를 회복시킬 수 있을 것이라고 장담하기 어렵다.

임계 상태에 이른 옐로스톤의 산불이 걷잡을 수 없이 확산됐던 것처럼 만약 인류 역사상 가장 거대한 빚더미로 지탱되는 지금의 경제가 흔들릴 경우 과거 어떤 위기나 불황보다 더 큰 고통이 뒤따를 수 있다. 더구나 경기 회복을 앞당길 정책 수단이 모두 소진된 상황에서는 그 고통의 기간도 더욱 길어질 수밖에 없다.

3장

버블 시그널:
주식, 부동산…
통계의 유혹에 속지 마라

버블의 광기를
미리 예측할 수는 없을까?

1711년 설립된 영국의 남해회사The South Sea Company는 미국과 태평양 섬들에서 노예 무역과 각종 식민지 무역 독점권을 갖고 있었다. 더구나 당시 영국 국왕이었던 제임스 1세가 남해회사의 초대 회장으로 취임해 '절대 망하지 않을 회사'라는 생각을 심어주면서 투자자들의 큰 관심을 받았다.

　1720년 당시 영국 중산층은 자금이 있지만 마땅한 투자처를 찾지 못하는 상태였다. 그때 남해회사가 주식을 추가로 발행하자 런던 시민들이 마차를 타고 증권거래소 앞으로 몰려들었고 일대 교통이 마비될 정도로 큰 인기를 끌었다. 덕분에 남해회사 주가는 10배 이상 치솟으며 투기 광풍이 일어났다.

하지만 당시 식민지 무역은 해적과 악천후 등 각종 리스크를 떠안고 있어서 독점이라고 해도 상당히 위험한 사업이었다. 게다가 남해회사 임직원들이 주식을 내다팔았다는 소문이 퍼지자 남해회사 주가는 순식간에 10분의 1토막 수준으로 폭락했다. 그 결과 수많은 투자자들이 큰돈을 잃고 파산했다.

큰 손해를 본 투자자들 중에는 당시 영국의 조폐국장이던 천재 물리학자 아이작 뉴턴도 포함되어 있었다. 뉴턴은 일찌감치 남해회사에 투자했다가 주식을 팔아 원금의 2배를 벌어들였다. 주식을 판 뒤에도 주가가 치솟아 오르자 조급해진 뉴턴은 훨씬 더 많은 돈을 들여 남해회사의 주식을 다시 사 모았다.

미국의 대표적인 경제 비관론자이자 《더 글룸, 붐 앤 둠 리포트 The Gloom, Boom&Doom Report》의 편집장인 마크 파버Marc Faber는 뉴턴의 투기 실패 과정을 정리했다. 뉴턴은 전 재산을 쏟아붓다시피 해서 거액을 투자한 직후 찰나의 주가 상승이 있었지만 이후 곧바로 대폭락하는 바람에 지금 돈으로 20억 원이 넘는 거액을 한순간에 날렸다.

이 같은 참담한 투자 실패 이후 뉴턴은 "천체의 움직임은 계산할 수 있지만 인간의 광기는 계산할 수 없다"라는 유명한 말을 남겼다.

수많은 버블 생성과 붕괴 과정을 반복적으로 겪으면서도 왜 뉴턴 같은 천재조차 그 붕괴를 미리 예측하거나 파악할 수 없는 것일까?

사람들의 투자 행위는 서로 상호작용을 하며 끊임없이 변화하는 복잡계 경제학의 영역에 있다. 한 사람의 투자 행위는 다른 사람들의 투자를 촉발하기도 하고, 막연한 공포가 끝없는 상호작용으로 순식간에 시장을 지배하기도 한다. 이런 복잡한 상호작용에 따른 시장의 창발적 특성創發的 特性, Emergence attribute[10] 때문에 뉴턴 시절뿐만 아니라 지금도 버블이 어디까지 갈지, 또 언제 무너질지 미리 예측하는 것은 불가능하다.

우리는 그 '인간의 광기'를 예측하겠다고 나섰다가 참담한 실패를 맛본 경우를 반복적으로 목격해왔다. 그 대표적인 사례가 바로 증권사들이 해마다 연초에 발표하는 연말 주가지수 전망이다. 이런 주가지수 전망은 틀릴 때가 대부분이다.

2018년 초 여러 증권사에서 연말에 코스피가 3,000포인트를 넘을 것이라는 장밋빛 전망을 내놓았다. 하지만 정작 2018년 말 코스피는 2,000선 아래로 추락했다. 복잡한 상호작용으로 시장 환경이 급변하기 때문에 해마다 내놓는 증권사들의 연말 주가 전망치는 애초부터 참고할 필요조차 없는 노이즈에 불과하다.

주식 투자에서 호된 실패를 맛보았던 뉴턴의 말처럼 일확천금을 갈망하는 '인간의 광기'는 전혀 예측할 수가 없다. 만일 증권사가 정말로 지수까지 예측할 수 있다면 주식뿐만 아니라 선물 옵션을 통해 천문학적인 돈을 벌 수 있을 것이다. 하지만 지금까지 극소수의 펀드매니저만 시장 수익률을 뛰어넘었을 뿐이다.

일단 자산 가격 버블이 시작되면 그 버블이 어디까지 가게 될지, 언제 무너질지를 예측하기란 불가능에 가깝다. 버블은 꺼지고 나서야 버블이었다는 것을 알 수 있다는 말이 나오는 이유가 여기에 있다. 하지만 현재의 주가가 얼마나 고평가되어 있는지를 객관적으로 알 수 있는 지표는 있다.

현재 주가가 고평가되어 있는지 확인하는 가장 간단한 방법은 PER주가수익비율을 살펴보는 것이다. PER는 주가를 1년간 주당 순이익으로 나눈 것으로, 한 주에 2,000원인 주식이 1년 동안 주당 100원의 순이익을 낸다면 PER는 20이 되고, 1,000인 주식이 100원의 순이익을 거두었다면 PER는 10이 된다. 숫자가 클수록 수익성에 비해 주가가 고평가되어 있음을 뜻한다.

그러나 기업의 단기적인 순이익은 여러 외부적 요인에 의해 쉽게 바뀔 수 있기에 1년 단위의 주당 순이익만 보고 주식 가치를 판단했다가는 낭패를 당할 수 있다. 예를 들어 2018년 트럼프 대통령이 대규모 감세를 단행하자 미국 기업들의 장부상 순이익이 일시적으로 대폭 늘어난 적이 있었다. 세금을 깎아줘서 순이익이 늘어난 것도 있지만 기업들이 감세의 기회를 적극적으로 활용하기 위해 그해에 가

급적 많은 이익을 장부에 올리면서 순이익이 일시적으로 크게 늘어났기 때문이다.

이 같은 착시 현상에 속지 않으려면 PER만 볼 것이 아니라 노벨 경제학상 수상자인 로버트 쉴러 교수가 고안한 CAPE경기조정주가수익비율을 참고할 필요가 있다.

CAPE는 주가를 1년 동안의 주당 순이익으로 나눈 PER와 달리 물가를 반영한 S&P500지수를 10년 평균 주당 순이익으로 나눈 주가수익 비율이다. S&P500지수란 S&P스탠더드앤푸어스가 우량기업 500종목의 주가지수를 작성한 것으로 시장 전체 동향을 파악하기 데 도움을 준다. CAPE는 이러한 S&P500지수를 기반으로 한 10년 평균 주당 순이익을 사용했기 때문에 일시적인 이익의 증가나 감소에 휘둘리지 않고, 보다 장기적인 안목에서 주가 수준을 판단할 수 있는 장점이 있다.

오른쪽 그래프는 1890년 이후 CAPE지수의 변화를 나타낸 것이다. 쉴러 교수가 1890년부터 지금까지 CAPE를 조사한 결과, 128년 동안 평균값은 16.6이었다. 지금까지 CAPE가 30을 넘을 정도로 주가가 고평가된 적은 1929년 세계 대공황 직전과 2000년을 전후한 닷컴버블, 이렇게 단 두 차례뿐이었다.

CAPE가 30을 넘을 정도로 주가가 고평가된 시기에는 어김없이 주가 대폭락이나 위기가 찾아왔다. 1929년에는 세계 대공황이 엄습

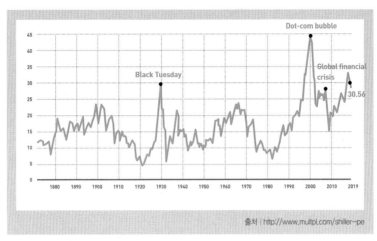

출처 | http://www.multpl.com/shiller-pe

S&P500의 CAPE지수

했고, 2000년 이후에는 닷컴버블이 붕괴되면서 주가가 크게 하락했다. 문제는 2018년 1월 CAPE가 34를 돌파해 닷컴버블을 제외하면 역대 두 번째로 주가가 고평가된 수준을 기록하고 있다는 점이다.

이처럼 CAPE가 높다는 뜻은 10년 평균 주당 순이익에 비해 주가가 너무나 비싸다는 뜻이다. 버블의 끝자락에서는 그 버블을 정당화하는 온갖 논리가 나오고 버블이 영원히 계속될 것 같은 착각에 빠진다. 하지만 과거의 역사에서 본 것처럼 기업의 수익성에 비해 주가가 과도하게 고평가된 경우에는 어김없이 주가가 급락했다.

CAPE는 장기적인 안목에서 투자 시점을 결정할 때 매우 좋은 시그널이다. CAPE가 역대 평균인 16.6보다 낮으면 비교적 주가가 낮은 편이다. 특히 10 이하인 경우는 거의 없었던 만큼 그런 시기가 온다면 적극적으로 투자를 해야 한다는 뜻이 된다. 하지만 그렇게 주가가 폭락한 경우에는 대체로 공포에 빠져 선뜻 투자를 결정하기 어렵기 때문에 최적의 투자 기회를 놓치기 일쑤다.

각 국가별 CAPE지수를 확인하는 것도 투자에 유용한 정보가 될 수 있다. 2018년 12월 31일 CAPE는 일본이 22.4, 인도는 21.7, 캐나다는 19.1로 높은 편에 속했다. 세계적으로 CAPE가 가장 높은 편이었던 중국은 연이은 주가 하락으로 13.9까지 떨어졌고, 한국은 12.3을 기록해 저평가된 편에 속했다.[11]

국가별 CAPE만 보고 무조건 저평가된 나라에 투자를 결정하는 것은 현명하지 못하다. 예를 들어 2018년 말 우리나라의 CAPE는 미국의 절반도 되지 않지만 이 수치만 보고 한국의 주식시장이 미국보다 훨씬 더 매력적인 투자 대상이라고 단정하기는 어렵다. 그 나라의 주가는 단지 기업의 순이익뿐만 아니라 정치적 안정성, 성장 가능성, 그리고 사회구조 측면에서 복합적으로 영향을 받기 때문이다.

주가는 대체로 다른 경제지표보다 훨씬 빠르게 반응하는 편이어서 미래의 경제 상황을 알려주는 중요한 선행지표가 될 수 있다. 주식 투자자들은 매일 주어진 정보를 분석하고 기민하게 대응하므로 주가는 경기 상황을 한발 먼저 반영한다. 또한 시장 참가자 한 명 한 명은 얼마든지 오판할 수 있지만 이들이 모인 주식시장은 일종의 집단지성을 이루어 경기 예측을 비교적 정확하게 주가에 반영한다.

주가가 폭락하면 대체로 6~12개월 뒤에 실물경제가 악화되거나 6~24개월 뒤에 부동산시장이 불황으로 접어들 가능성에 주의해야 한다. 실제로 일본의 버블 붕괴 과정을 보면 1989년 일본의 주가가 대폭락을 시작한 이후 2년이나 지난 1991년부터 일본의 부동산 가격이 급락하기 시작했다.

붕괴인가, 안정인가?
기로에 선 세계 부동산시장

부동산시장의 버블 생성 과정과 붕괴를 보여준 대표적인 연구가 있다. 2015년 전미경제연구소NBER를 통해 오스카 요르다Oscar Jorda와 모리츠 슐라리크Moritz Schularick, 앨런 M. 테일러Alan M. Taylor가 발표한 「빚으로 만든 버블Leveraged Bubbles」이라는 논문이다.[12]

미국 캘리포니아대학교 교수 오스카 요르다 등은 17개 국가의 140년 데이터를 분석해 주택 거품이 어떻게 확산되고 붕괴되어왔는지를 연구했다. 그 결과 주택 가격이 장기 추세를 벗어나 갑자기 급등할 경우 주택시장이 불안해지는 것으로 나타났다. 부채 의존도가 낮은 부동산버블은 그나마 덜 위험했지만 빚더미가 키운 주택시장 버블은 특히 더 위험했다.

집값버블이 붕괴되면서 주택 가격이 15% 이상 하락할 경우 단순히 집값 하락에만 그치지 않고 경제 전체가 극심한 고통을 받았다. 집값버블이 터진 다음 5년 동안 1인당 GDP는 보통 수준의 경기 침체보다 8% 더 줄어들었다. 지금 세계 부동산 가격이 대부분 빚더미로 부풀어 오른 점을 감안하면 세계 경제가 상당히 위태로운 상황에 처했다고 볼 수 있는 대목이다.

가장 위험한 것은 부동산 가격이 경제 성장률이나 물가 상승률을 훌쩍 뛰어넘을 정도로 급등한 점이다. 중국의 경우에는 2016년 경제 성장률이 6.5%였지만 2016년 한 해 동안의 신규 주택 가격이 경제 성장률의 2배에 가까운 12.2%나 올랐다.[13] 지역별로 큰 편차를 보이면서 비슷한 시기에 난징의 집값은 단 1년 만에 42.9%, 상하이는 39.5%, 베이징은 30.4%나 급등했다. 중국은 도시에도 등급을 매겨 인구가 1천만 명이 넘는 도시를 '1선線 도시'라고 하는데, 1선 도시로 인구가 집중되면서 집값 상승이 두드러졌기 때문이다.

집값버블을 확인할 수 있는 또 다른 방법은 예일대학교 교수 로버트 쉴러와 전 하버드대학교 교수 칼 케이스Karl E. Case가 공동 개발한 S&P 케이스-쉴러 전미주택가격지수Case-Shiller U.S. National Home Price Indices를 활용하는 것이다. 이 지수는 S&P가 조사한 미국 20개 대도시의 주택 가격을 나타낸다. 실제 주택 거래 가격을 기반으로 1890년부터 데이터를 축적해 매우 공신력 있는 지표로 자리 잡았다.

케이스-쉴러 지수는 1890년의 주택 실질 가격을 기준으로 100보다 높으면 1890년보다 주택의 실질 가격이 상승한 것이고, 100보다 낮으면 하락한 것을 의미한다. 다시 말해 집값이 물가보다 더 빨리 오른 상황이라면 100보다 높아지고 물가만큼 오르지 못했다면 100보다 낮아진다.

부동산 불패라는 우리의 통념대로라면 케이스-쉴러 지수는 끝없이 상승했어야 한다. 그런데 끝없는 양적완화를 통해 자산 가격이 부풀어 오른 최근 20년을 제외하면, 케이스-쉴러 지수는 1890년 이후 2000년까지 110년 동안 대체로 120선에서 움직여왔다. 즉 1890년을 기준으로 한 주택의 실질 가격 지수가 120보다 월등히 높아지면 이 지수는 다시 하락했고, 이보다 낮은 상태에서는 일정 기간 이후 다시 상승해왔다.[14]

그런 측면에서 글로벌 금융위기를 불러왔던 2005년 미국의 주택 실질 가격은 과거 미국의 평균 실질 부동산 가격과 비교할 때 훨씬 고평가된 것이었다. 2005년 케이스-쉴러 지수는 230으로 미국 부동산 가격의 정점을 찍었다. 당시 경제가 좋아져서라기보다 저성장의 늪에서 벗어나고자 미국 연준이 초저금리 정책을 장기간 유지하면서 시장에 풀린 돈이 부동산으로 흘러 들어갔기 때문이었다.

이 지표를 토대로 2005년 당시 로버트 쉴러 교수가 미국 주택시장의 지나친 버블과 붕괴 가능성을 경고했지만 이미 집값 급등에 취한 나머지 누구도 귀를 기울이지 않았다. 하지만 절대 무너지지 않을 것이라고 믿었던 집값버블이 2006년부터 서서히 꺼지기 시작하더니 2008년부터 폭락하면서 2011년 케이스-쉴러 지수는 151까지 추락했다. 이 과정에서 첨단 금융기법을 자랑하던 글로벌 금융회사들이 대거 부도 위기에 빠졌고 정부의 구제금융으로 간신히 회생했다.

이때 만약 정부의 적극적인 개입이 없었다면 주택의 장기적인 평균 실질 가격은 120선까지 후퇴했을 것이다. 하지만 경제를 살리겠다며 미국과 유럽연합 등이 사상 초유의 제로금리와 양적완화를 통

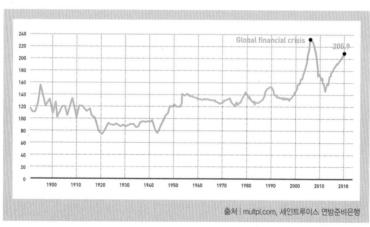

출처 | multpl.com, 세인트루이스 연방준비은행

케이스-쉴러 전미주택가격지수

해 돈을 푼 결과 집값 하락이 멈추고 안정세를 보이는가 싶더니 곧바로 다시 급등세로 돌아섰다. 그로 인해 글로벌 금융위기를 불러왔던 빚더미가 축소되는 디레버리징커녕 부풀어 오르면서 또다시 자산 가격 급등 현상을 초래하고 말았다.

2018년 11월에 케이스-쉴러 지수는 205.9를 기록했다.[15] 이처럼 집값이 채 빠지기도 전에 다시 치솟아 오르는 이상 현상이 빚어지면서 미국의 부동산 가격은 2008년 글로벌 금융위기를 초래했던 위험 수준에 다시 근접했다. 미국 역사에서 케이스-쉴러 지수가 200을 넘긴 것은 2008년 글로벌 금융위기 때가 유일하다는 점에서 지금의 부동산 가격은 이미 위태로운 수준을 넘어선 셈이다.

집값버블이 심각한 상황에 처한 것은 중국이나 미국만이 아니다. 스위스의 글로벌 금융기업인 UBS가 발표한 집값버블지수Housing Bubble Index에 따르면, 2015년 버블 위험 지역은 런던과 홍콩 등 3곳이었지만 2017년에는 토론토나 시드니 등이 추가되면서 8곳으로 급증했다.

문제는 이렇게 치솟아 오른 주택 가격이 2018년 하반기부터 하락하기 시작했다는 점이다. 버블은 오를 때는 한없이 계속 치솟아 오를 것 같지만 일단 하락하면 걷잡을 수 없이 떨어지는 특성이 있다. 더 이상 비싸게 사줄 사람이 나타나지 않으면 지금의 비싼 부동산 가격은 더 유지되기 어렵다. 나중에 설명하겠지만, 한국도 이 같은 세계적

추세에서 예외는 아니다.

버블은 꺾이는 순간이 가장 위험하다. 버블 붕괴의 초입에는 마치 일시적인 가격 조정처럼 보여 뒤늦게라도 버블에 올라타야 한다는 강렬한 유혹이 생긴다. 이런 전환의 시기에 자산 가격이 바로 직전보다 싸졌다는 단순한 판단으로 자산을 사들였다가는 자칫 큰 낭패를 보기 쉽다.

4장

환율 시그널:
돈의 흐름을 한 발 먼저 읽는 기술

환율 시그널을
한발 먼저 읽는 기술

우리는 1998년 동아시아 외환위기나 2008년 글로벌 금융위기 당시 원화 가치가 급락하는 현상을 경험했다. 실제로 한 나라의 통화 가치가 크게 떨어지는 것은 매우 중요한 시그널이다. 일단 통화 가치가 급락하면 워낙 속도가 빨라 제대로 대응할 기회조차 없기 때문에 환율 급변이 시작되기 전에 한발 먼저 환율의 시그널을 읽는 것이 중요하다.

우선 한 나라의 통화 가치가 경제의 기초체력에 걸맞지 않게 과도하게 높아지는 것을 경계해야 한다. 과거에는 국가가 환율을 통제하려고 무리한 시도를 하다가 통화 가치가 급변하는 경우가 적지 않았다. 지금은 중국 등 몇몇 나라를 제외하면 대체로 환율은 그 나라의 외환 정책보다 글로벌 금융시장의 영향을 더 크게 받는다.

글로벌 금융시장에서는 이제 미국의 연준이 세계의 중앙은행이라는 말이 나올 정도로 영향력이 커진 상황이다. 세계 자본시장의 국경이 허물어지면서 연준의 경제 정책이 선진국뿐만 아니라 신흥국과 저개발 국가의 금융시장에도 직접적인 영향을 미치는 상황이 된 것이다.

미국 연준이 금리를 인하하고 양적완화를 하는 시기에는 선진국의 자금이 신흥국으로 흘러 들어간다. 그러면 세계 경기가 회복되면서 교역량이 점차 늘어나고 원자재 가격도 덩달아 상승한다. 수출에 의존하는 신흥국이나 원자재에 의존하는 자원부국은 무역수지가 개선되고 투자 유치도 늘어나면서 외화자금이 더욱 풍족해져 통화 가치가 치솟아 오른다.

이런 상황이 되면 신흥국 정부는 풍부한 외화자금을 유치해 성장속도를 이웃 국가보다 가속화하여 경쟁에서 이기겠다는 욕심을 낸다. 신흥국의 기업들도 마치 공짜처럼 보이는 값싼 외화자금으로 투자를 대폭 늘리려 한다. 결국 경쟁적으로 외화자금을 빌리고 이렇게 유입된 외화는 개발도상국의 통화 가치를 더욱 끌어올린다.

과도한 외화 차입을 통한 성장 전략은 그 과욕만큼 반드시 대가를 치른다. 경쟁적 투자 때문에 과잉생산이 빚어진 상황에서 통화 가치까지 치솟아 오르면, 신흥국 기업들은 수출물량이 늘어나도 손실을 보는 '빛 좋은 개살구'로 전락한다. 하지만 그런 악조건에도 불구하고 일단 몸집부터 불려야겠다는 일념에 사로잡혀 생산과 수출 증대에만 전념한다.

이런 상황에서 만일 미국 연준이 금리까지 올리면 경제 상황은 더욱 악화된다. 당장 신흥국으로 몰려들었던 해외 자금이 선진국으로 되돌아가면서 신흥국은 자금 유출과 통화 가치 급락을 막기 위해 미국 금리 인상에 맞추어 자국 금리를 올려야 한다. 그러면 엎친 데 덮친 격으로 미국의 금리 인상으로 위축된 국내 경기가 더욱 쪼그라들 수밖에 없다.

이로 인해 신흥국에 대한 불안 심리가 걷잡을 수 없이 커지면, 신흥국이 아무리 적극적인 방어에 나선다고 해도, 해외 자금은 마치 약속이나 한 듯 한꺼번에 빠져나간다. 통화 가치는 더욱 급락하고 그 여파로 수입 물가가 올라 국내 수요가 위축된다. 이 같은 경기 위축으로 신흥국의 주가나 부동산 가격 등 자산 가격은 동반 하락한다.

신흥국은 통화 가치나 자산 가격이 외부의 영향에 쉽게 흔들리기 때문에 단순히 눈앞의 수익률만 보고 투자했다가는 낭패를 보기 쉽다. 그 대표적인 경우가 바로 2011년부터 우리나라 개인 투자자들 사이에서 시작된 브라질 국채 투자 열풍이다.

2011년 당시 브라질 국채는 무려 연리 10% 안팎의 높은 금리를 제공했다. 저금리 시대로 접어든 우리나라에서는 상상하기 힘든 고금리였다. 더구나 한국과 브라질 양국의 조세협약에 따라 브라질 국채 투자에 따른 이자소득과 환차익에 대한 세금을 한 푼도 낼 필요가 없었기에 세제 혜택까지 고려하면 정말 환상적인 상품처럼 보였다.

저금리로 돈을 굴릴 곳이 마땅치 않았던 많은 개인 투자자들이 브라질 국채에 목돈을 투자하기 시작하면서 2018년 9월 우리나라 증권사들의 브라질 국채 중개 누적액은 7조 원을 돌파했다.

하지만 브라질 국채 투자자들이 간과한 것이 있었다. 브라질 같은 신흥국에 투자할 때는 금리보다 환율이 더 중요하다는 사실이다. 2012년 1월 헤알Real, 브라질 통화 단위화 환율은 1헤알에 680원이었다. 그런데 2018년 12월에는 280원대로 추락했다. 이 때문에 연리 10%의 막대한 이자 수익에도 불구하고 브라질에 투자했던 투자자들은 큰 손해를 봐야 했다.

만일 브라질 국채 투자자들이 헤알화 가치가 이미 대폭등을 한 상태였다는 사실을 알았더라면 투자에 좀 더 신중했을 것이다. 브라질 헤알화는 2002년까지만 해도 1헤알에 300원대였지만 2008년 글로벌 금융위기 직후 원자재 호황 덕분에 1헤알에 680원으로 폭등한 상황이었다.

우리나라 투자자들 중 대부분이 2011년에 이미 폭등한 상태였던 헤알화 환율로 투자를 시작하는 바람에 큰 손해를 보고 만 것이다. 신흥국이나 저개발 국가의 통화 가치가 비정상적으로 오른 경우에는 위험 시그널로 보고 그 나라에 대한 투자를 보다 신중하게 결정해야 한다.

환율 위험을 피하려면 물가 상승률이 높은 나라를 주의한다. 물가 상승률이 높으면 그 나라의 돈 가치가 하락한다는 뜻이다. 이 때문에 당장은 아니더라도 언젠가는 그 나라 통화 가치가 하락할 가능성이 커진다.

해외 투자를 할 때는 그 나라의 통화 가치를 내다보는 힘이 중요하다. 더불어 우리나라 경제의 미래를 내다보고자 할 때도 환율의 변화를 전망하는 힘은 매우 중요한 역할을 한다. 하지만 환율은 전문가들조차 내다보기 힘든 분야여서 일반인들이 환율을 예측한다는 것은 불가능에 가깝다. 다만 지금 통화 가치가 고평가되어 있느냐 아니냐는 어느 정도 가늠해볼 수 있다. 특히 해외 투자은행들이 경쟁적으로 환율 관련 리포트를 내놓고 있어서 이를 눈여겨보면 도움이 된다.

2018년 3월 도이체방크Deutsche Bank는 자체 개발한 환율 평가모델을 통해 세계적으로 고평가된 화폐를 공개했다. 도이체방크는 중국의 위안화를 가장 고평가된 통화로 꼽았고, 체코의 코루나화, 브라질의 헤알화, 태국의 바트화, 뉴질랜드 달러화가 뒤를 이었다. 우리나라 원화도 7위를 차지해 고평가된 통화에 속했다.[16]

위안화가 가장 고평가된 통화로 꼽힌 데 대해 의아해하는 사람도 있을 것이다. 트럼프 대통령이 지금까지 중국 정부가 위안화 가치를 인위적으로 끌어내렸다고 비판하는데, 왜 저평가된 통화가 아니라 고평가된 통화로 꼽혔을까? 트럼프 대통령의 위안화 공격은 협상 전략에 불과하다. 위안화는 저평가커녕 오히려 너무나도 고평가되어 있다.

중국은 그동안 높은 인플레이션율에 시달려왔기 때문에 보통의 신흥국이었다면 당연히 위안화 가치가 폭락했어야 한다. 그런데 다양한 원인으로 위안화 가치가 지속적으로 상승해왔기 때문에 특히 주의해야 한다. 중국 위안화 환율은 우리나라 원화에 지대한 영향을 미치므로 정확한 이해가 필요하다. 위안화 환율에 대해서는 다음 장에서 보다 자세히 설명하겠다.

물론 글로벌 투자은행이라고 해서 환율 전망이 100% 들어맞는 것은 아니다. 특히 세계적인 투자은행인 골드만삭스Goldman Sachs의 환율 예측은 빗나간 적이 너무 많아서 일부 월스트리트 전문가들은 골드만삭스가 어떤 통화를 추천하면, 정작 골드만삭스는 반대로 투자해놓은 것이 분명하다고 의심할 정도다. 이 때문에 금융회사 한 곳의 리포트를 맹신하지 말고 적어도 2~3곳의 리포트를 비교해 종합적으로 판단해야 한다.

위안화를
경계하라

1990년 영국은 유럽과 단일 통화권을 구축하기 위한 전 단계로 독일 마르크화 대비 파운드화 가치를 상하 6% 범위 안에서만 움직이도록 한 협정인 ERM European Exchange Rate Mechanism을 체결했다.

독일 연방은행은 1990년 독일 통일 이후 동독 발전을 위해 천문학적인 투자를 하는 과정에서 이에 따른 물가 상승을 막으려고 2년간 열 차례나 금리를 인상했다. 그로 인해 마르크화가 강세를 나타내기 시작했고 영국은 협정을 준수하기 위해 독일을 따라 금리를 급격히 인상해야 했다. 그 결과 독일에 비해 산업 경쟁력이 낮은 영국은 수출에 타격을 받아 극심한 불황을 겪었다.

영국은 협정을 파기하고 파운드화 평가절하를 택할 수도 있었다. 하지만 자존심 강한 영국은 엄청난 경제적 피해를 무릅쓰고 독일의 마르크화와 통화 가치를 같은 수준으로 유지하는 길을 선택했다. 이렇게 무리해서 파운드화 가치를 떠받치는 불안한 상황이 시작됐다.

이 같은 불균형 속에서 조지 소로스와 스탠리 드러켄밀러 Stanley Druckenmiller가 운영하는 퀀텀펀드 Quantum Fund라는 헤지펀드가 영국의 약점을 파고들었다. 그들은 파운드화를 공격하면 영국이 더는 버티지 못할 것으로 보고 자금을 총동원해 파운드화 공매도에 나섰다.

초반에는 영국 중앙은행이 금리를 연리 10%까지 끌어올리며 파운드화 방어에 나섰지만 다른 헤지펀드들이 대거 소로스 진영에 합류하면서 결국 굴복하고 말았다. 파운드화 가치가 대폭락하면서 영국은 유럽 단일 통화권 참여를 포기하고 ERM을 탈퇴했다. 공격을 주도했던 소로스의 퀀텀펀드는 20%의 운용수수료를 제외하고도 159%라는 경이적인 수익률을 올렸다.

이처럼 통화 가치가 고평가된 상황에서 금융당국이 억지로 방어까지 하는 것은 제아무리 금융 강국인 영국이라도 쉬운 일이 아니다. 더구나 정부가 통화 가치를 억지로 끌어올린 경우는 더욱 심각하다. 일단 통화 가치가 붕괴되기 시작하면 균형 환율보다 훨씬 더 폭락할 수 있기 때문이다.

이제 중국 위안화에 주목해야 한다. 중국 정부는 오랫동안 1달러에 7위안이 넘지 않도록 무리하게 통화 가치를 방어해온 터라 자칫 통화 가치가 무너지는 순간이 오면 위안화 가치가 심각하게 폭락할 수 있다. 우리나라 원화 가치도 위안화와 연동되는 측면이 강해져서 위안화와 함께 극심한 변동성을 보일 수 있다.

위안화는 왜 고평가된 것일까? 1994년 1달러에 8.7위안이던 위안화 환율이 2019년에는 6.7위안까지 낮아졌다. 지난 25년 동안 중국 위안화 가치가 달러 대비 23%나 오른 것이다. 이처럼 신흥국 통화 가치가 미국보다 오른 경우는 매우 드문 일이다. 게다가 그동안 중국의 높은 인플레이션율을 감안하면 더욱 이례적이다.

물가를 감안한 중국의 실질실효환율Real Effective Exchange Rate for China[17]은 2010년을 100으로 놓았을 때 1994년 65.9에서 2018년에는 125.7로 2배 가까이 치솟았다. 실질실효환율이 급격하게 높아지면서 세계의 공장을 자부해온 중국의 수출 경쟁력은 사실상 크게 약화되어왔다.

중국의 수출 기업들은 중앙정부나 지방정부의 보조금 없이는 더는 수출 경쟁력을 유지할 수 없는 상태가 됐다. 2018년 트럼프 대통령이 중국에 기업 보조금을 철폐하라고 통상 압박을 했지만 중국이 좀처럼 이를 받아들일 수 없었던 이유가 바로 여기에 있다. 중국이 미국 요구대로 기업 보조금을 없애면 중국 기업 중에 상당수가 파산할 수밖에 없을 것이다.

물론 실질실효환율까지 따지는 것은 일반인들에게 쉬운 일은 아니다. 환율이 과도한지 아닌지를 알아보기 위해서는 보다 쉬운 시그널이 필요하다. 이에 대해 모건스탠리의 루치르 샤르마는 통화 가치가 과도한지 아닌지를 쉽게 확인하려면 해외로 나간 그 나라 국민이 사재기를 하는지를 보면 된다고 말한다.

만일 어떤 나라 사람들이 해외만 나가면 물건을 싹쓸이 하듯 사재기를 한다면 이는 그 나라 통화가 고평가되어 있음을 뜻하는 매우 위험한 신호다. 자국 통화 가치가 과도하게 높아서 다른 나라 물가가 싸게 느껴진다는 뜻이기 때문이다.

실제로 2018년 당시 중국인들은 해외여행만 나가면 물건을 쓸어 담듯이 사들였다. 아시아 국가들뿐만 아니라 유럽 국가들조차 중국 단체 관광객, 이른바 유커들을 유치하느냐 못 하느냐가 그 나라 자영 업자들의 수익에 큰 영향을 미칠 정도였다. 중국인들이 해외만 나가 면 쇼핑에 열을 올린다는 것은 위안화가 그만큼 고평가되어 있음을 뜻한다.

위안화 고평가의 여파로 중국의 외환보유고는 2014년 4조 달러 로 최고치를 기록한 이후 지속적으로 감소해 2018년 말에는 3조 달 러 초반대로 급격히 줄어든 상태다. 물론 3조 달러도 다른 나라에 비 하면 엄청난 외환보유고지만 중국의 단기 외채에 비하면 그리 안전 하다고 확신하기 어렵다. 이 때문에 일부 전문가들은 중국 외환보유 고가 2조 달러로 줄어들면 그 이후에는 걷잡을 수 없이 무너질 것이 라는 전망을 내놓고 있다.

외환보유고가 급감하자 중국 정부는 강력한 자본 통제를 시작했 다. 2016년 말에는 500만 달러 이상의 해외 송금이나 환전에 대해 사 전 심사에 착수했다. 또 5만 달러로 제한된 개인 환전에 대한 규제를 강화하고 중국 기업의 해외 투자를 엄격히 통제하는 등 눈에 보이지 않는 규제도 시행했다. 이 같은 정부의 규제로 2017년 중국의 비금융 부문 해외 직접투자 규모는 전년보다 무려 34%나 줄어들었다.

2017년 9월에는 개인이 해외여행에서 돈을 쓰는 데까지 규제를 대폭 강화하여 1,000위안17만 원 이상의 돈을 해외에서 인출하거나 결제한 내역을 모두 당국에 신고하도록 카드회사에 지시했다. 3조 달러 외환보유고에 걸맞지 않게 정말 한 푼이라도 외화가 새는 것을 철저히 검열하겠다는 뜻이나 다름없다.

중국 정부는 이처럼 강력한 감시체계만으로는 부족하다 생각했는지 2018년에는 해외에서의 외화 인출 가능액을 하루 1만 위안170만 원으로 제한했다. 이처럼 외화 유출을 막기 위해 금융당국이 직접 창구 규제에 나선 것도 그 나라 통화 가치가 고평가되어 있음을 알리는 중요한 시그널이다.

중국이 이처럼 위안화 가치 방어에 혈안이 된 이유는 위안화 가치가 급락할 경우 중국 경제에 큰 타격을 줄 수 있기 때문이다. 특히 막대한 달러화 부채를 떠안고 있는 중국 기업들이 심각한 위험에 처할 수 있다. 그동안 중국 기업들은 싼 이자로 돈을 끌어다 쓰려고 마구잡이로 달러화 자금을 빌렸다. 중국 기업들이 해외 자회사를 통해 빌린 달러 부채가 무려 3조 달러3,500조 원에 이른다. 중국의 외환보유고 총액과 맞먹는 규모다.

중국 기업들은 이렇게 빌린 돈을 위안화로 환전해 투자했기 때문에 돈을 갚으려면 다시 위안화를 달러로 환전해야 한다. 돈을 갚을 때 위안화 가치가 급락하면 중국 기업들의 빚 부담은 천문학적으로 늘어난다. 위안화 부채는 중국 정부의 개입으로 어떻게든 해결할 수 있다고 해도 천문학적으로 불어난 달러 부채는 쉽게 해결하기 어려운 문제가 될 것이다.

더구나 위안화 가치가 떨어질 것이라는 불안이 커지면 환차손을 우려한 해외 자금이 일순간에 중국을 빠져나가 환율이 더 크게 흔들릴 수 있다. 물론 중국은 다른 신흥국과 달리 해외 자금의 유출을 막을 다양한 규제 정책, 즉 방화벽Fire wall이 있지만 그렇다고 해도 자금을 완벽하게 통제한다는 것은 불가능에 가깝다. 또한 빠져나가는 돈은 어떻게든 막는다고 해도 해외 자금을 새로 유치하기가 훨씬 어려워지기 때문에 일단 환율이 급락하면 경제 타격은 불가피하다.

가장 큰 문제는 위안화 가치가 폭락해 위안화에 대한 신뢰가 무너지면 위안화를 달러화에 버금가는 기축통화로 만들겠다는 중국의 오랜 염원이 흔들릴 수 있다. 기축통화가 되려면 무엇보다 그 통화에 대한 신뢰가 가장 중요하다. 일단 신뢰가 흔들리면 다시 기축통화에 도전하는 데는 더 오랜 시간이 걸린다. 이 같은 복합적인 이유로 지금 중국은 총력을 기울여 위안화 가치를 방어하고 있다.

그러나 1990년대 유럽 금융의 중심지였던 영국조차 파운드화 가치를 지키지 못한 것처럼 시장의 힘에 맞서 통화 가치를 지키는 일은 결코 쉽지 않다. 한 나라의 통화 가치가 과도하게 고평가된 상태가 오래 지속될수록 그 위험성은 더욱 커진다. 일단 불안감이 싹트면 굳이 소로스 같은 투자자가 공격하지 않더라도 언제든 외화 유출이 시작될 수밖에 없다.

그렇다면 앞 절에서 도이체방크가 고평가된 통화 7위로 지목했던 우리 원화는 어떨까? 우리 원화는 사실 중국만큼 고평가된 통화는 아니다. 게다가 물가 상승률도 높지 않아서 국내 요인만 보면 크게 흔들릴 가능성은 높지 않다. 다만 몇 가지 측면에서 우리 원화의 미래를 주의 깊게 살펴봐야 한다.

첫째, 우리나라는 2017년 이후 반도체 슈퍼사이클초호황로, 반도체 기업들의 수출이 폭발적으로 증가함으로써 외화가 쏟아져 들어와 원화가 고평가된 측면이 있다. 반도체 기업들의 호황이 영원히 계속된다면 모르겠지만 우리가 반도체 호황을 예측하지 못했던 것처럼 반도체 경기가 언제 꺾일지도 알 수 없다. 만약 반도체 경기가 의외로 급격히 냉각되면 원화 가치가 하락할 수 있다는 것을 염두에 둬야 한다.

둘째, 우리나라는 지난 20년 동안 중국에 대한 수출 의존도가 크게 높아져 원화 환율이 위안화 환율에 밀접한 영향을 받고 있다. 그동안은 중국 정부가 위안화 환율 방어에 전력을 다한 덕분에 원화 가치도 비교적 안정적인 모습을 보였지만 중국이 위안화 가치를 더 이상 지킬 수 없게 되면 그 영향으로 원화 가치도 급변할 가능성을 배제할 수 없다.

셋째, 그동안 우리나라 증시는 중국에 대한 대체투자처로 각광을 받아왔다. 중국에 투자하고 싶지만 갖가지 자본시장 규제 때문에 중국을 꺼렸던 해외 투자자들이 한국 증시를 택한 경우가 적지 않았다. 이 때문에 앞으로 중국 경제가 흔들릴 경우에는 해외 투자자들의 자금이 일시에 빠져나가 원화 가치가 흔들릴 가능성도 있다.

이처럼 원화 가치가 급락할 가능성이 있는 반면, 원화 가치가 오를 것이라고 전망하는 전문가도 있다. 그 이유는 2020년 이후 생산연령인구의 감소 같은 원인으로 우리나라의 경기 둔화가 본격화되면 수입이 줄어들고 일본식 불황형 흑자가 가속화되면서 원화 가치가 상승할 것이라는 전망이다.

이는 1989년 일본이 버블 붕괴 이후 장기불황에 빠지면서 엔화 가치가 거의 2배 가까이 급등했던 현상을 염두에 둔 전망이다. 물론 우리나라 경제구조가 일본과 일부 비슷한 점은 있지만 소재·부품 산업이나 강소기업들의 경쟁력은 큰 차이가 나기 때문에 반드시 일본형 불황 구조를 따라갈 것이라고 장담하기는 어렵다.

장기적으로 불황형 흑자가 심화되어 원화 가치가 상승할 가능성이 있다고 해도 단기적으로는 중국발 위기 가능성과 반도체 호황이 끝날 가능성 그리고 무역 분쟁 속에 무역 규모 축소 가능성 등으로 원화 가치가 급락할 가능성도 배제할 수 없다. 그러므로 앞으로 수년간은 환율의 시그널을 주의 깊게 살펴볼 필요가 있다.

5장

중국 시그널:
문제는 미중무역이 아니라
구조적 부실

중국이 직면한
'회색 코뿔소'의 위험

아프리카에서 코끼리 다음으로 큰 동물인 코뿔소는 가장 위험한 초식동물 중 하나다. 코뿔소는 평소에는 온순하지만 화가 나거나 위험한 상황에 놓이면 땅이 흔들릴 정도로 맹렬하게 달려와 치명적인 공격을 한다.

위기관리 전문가이자 세계정책연구소World Policy Institute 대표이사 미셸 부커Michele Wucker는 2013년 1월 다보스포럼Davos Forum에서 "충분히 예측할 수 있는 위기를 알면서도 방치하다가 맞이하게 되는 재

앙"을 '회색 코뿔소Gray rhino'에 비유했다.[18]

코뿔소는 몸집이 커서 아프리카 초원 멀리에서도 잘 보이고 뛰어오는 진동만으로도 그 움직임을 느낄 수 있지만, 정작 코뿔소가 달려오면 두려움 때문에 어떻게 대처할지 몰라 애써 무시하는 것을 비유하는 말이다. 도저히 일어날 것 같지 않아 예측 자체가 어려운 뜻밖의 위기를 의미하는 '블랙스완'과 다르다.

지금 중국 경제는 '회색 코뿔소'의 위험에 빠져 있다. 충분히 예측 가능한 위험 시그널이 분명하게 나타났는데도 아무런 대처를 하지 못하고 있다. 중국에 나타난 3대 회색 코뿔소를 그림자금융, 부채, 부동산버블이라고 지목하기도 하지만 그림자금융도 결국 부채 문제의 일종이므로 부채와 부동산버블, 좀비기업으로 분류하는 것이 더 타당하다.

중국 경제에 가장 심각한 위협이 되는 첫 번째 회색 코뿔소는 부채 문제다. 원래 중국은 글로벌 금융위기 전인 2007년까지만 해도 부채 문제가 그리 심각하지 않았다. 그런데 2008년 미국발 글로벌 금융위기는 중국을 사상 최악의 빚더미에 깔리게 만드는 결정적인 계기가 됐다.

2008년 글로벌 금융위기가 시작되자 많은 나라들이 극심한 경기 불황을 겪었다. 이런 상황에서 중국 정부는 경제 성장률을 지키기 위해 금리와 지급준비율을 대폭 낮추고 대출을 장려했다. 덕분에 글로벌 금융위기 당시 세계의 마지막 성장엔진이라는 별명을 얻을 만큼 높은 성장률을 유지했지만 대신 빚더미가 천문학적으로 불어나고 말았다.

2008년 6조 달러였던 중국의 국가 총 부채는 2017년 말에 28조 달러로 5배나 치솟았다.[19] GDP 대비 총 부채 비율은 2008년 162%에서 2017년에는 266%로 폭증했다.[20] 중국 정도 되는 경제 규모에서는 사상 유례를 찾아볼 수 없을 만큼 빠른 속도로 빚이 불어난 것이다.

미국 헤지펀드 운영자 제임스 채노스James Chanos는 중국이 빚으로 경기를 부양하기 시작한 2010년에 이미 "지옥으로 가는 더 크고 빠른 쳇바퀴에 올라탄 것"이라고 경고했다. 그리고 중국의 버블 붕괴는 2010년 극심한 위기를 겪었던 두바이를 1,000배 확대한 모습이 될 것이라고 내다보았다.[21]

중국이 그 어떤 나라보다 빠른 속도로 빚이 불어난 데에는 지방정부 간의 과도한 경쟁이 숨어 있다. 중국 중앙정부가 각 지방정부를 경제 실적으로 평가하자 지방정부들은 좋은 평가를 받기 위해 수단과 방법을 가리지 않고 경기 활성화에 나섰다. 게다가 지방정부가 주도하는 경제개발은 지방정부 간부들이 뇌물을 챙기거나 개발이익을 빼돌리는 좋은 수단이 되기도 했다.

중국의 지방정부는 지역경제 성장을 위해 온갖 인센티브로 기업 유치에 나섰다. 특히 지방정부가 기업 부채를 직접 보증하거나 지방정부 소유 은행을 통해 막대한 대출을 제공하는 방법으로 기업들을 유치했다. 다른 지방정부도 모두 같은 방법을 썼기 때문에 기업을 유치하기 위해 점점 더 경쟁적으로 파격적인 대출 조건을 내걸게 됐다.

게다가 지방정부는 농민들의 토지를 강제로 빼앗다시피 해서 자기 지역에 투자를 약속한 기업에게 거의 무상으로 불하했다. 공짜나 다름없는 땅이었기에 기업은 실제 공장부지로 필요한 땅보다 훨씬 큰 땅을 요구하기 일쑤였다. 세금도 면제해주는 경우가 많아 지방정부는 기업에 돈을 퍼주고도 세수 확보를 제대로 하지 못하는 구조가 많았다.

이처럼 과열 현상이 빚어지자 중국의 중앙정부가 지방정부에 대한 규제를 강화했다. 그러나 중앙정부의 규제를 곧이곧대로 따르는 지방정부는 거의 없었다. 정부의 가이드라인을 따르다가 경쟁에서 뒤처지는 것보다 온갖 편법을 쓰더라도 대출을 늘려 경제 실적을 높이는 편이 자신들의 이해타산에 더 맞았기 때문이다.

중앙정부의 규제는 지방정부의 부채 구조를 더욱 복잡하고 풀기 어렵게 만들었다. 지방정부는 규제의 사각지대인 그림자금융 등 온갖 방법을 활용했다. 감독조차 제대로 되지 않는 방식으로 부채를 늘려온 탓에 이제 중국 중앙정부는 부채의 정확한 규모조차 파악하지 못할 정도로 부채에 대한 통제력을 잃어버리고 말았다.

중국 부채의 또 다른 문제는 바로 방만한 국영은행과 이를 통한 비효율적인 대출체계에 있다. 중국의 국영은행은 정부의 온갖 특혜 덕분에 낮은 금리로 조달한 자금을 국영기업에 집중적으로 대출해주고 있다. 국영기업은 돈을 떼먹지 않을 것이라는 믿음이 있는데다 설사 부도가 나더라도 책임을 줄일 수 있기 때문이다.

이로 인해 국영기업은 국영은행에서 낮은 금리로 조달한 풍족한 자금으로 손쉬운 투자에 몰두하고 있다. 단지 설비투자를 확충하는 데만 돈을 쓰는 게 아니라 토지 개발을 빌미로 땅 투기에 나서거나 돈을 구하기 힘든 민영기업을 상대로 고금리 대출을 해주는 돈놀이를 하는 경우도 있다. 그야말로 쉽고 값싼 대출을 활용해 방만한 운용을 하는 셈이다.

과거에는 중국 경제 성장률이 워낙 높아 파산하는 기업이 많지 않았고 부동산 가격도 항상 오름세여서 이처럼 방만하게 대출자금을 운용해도 큰 문제가 발생하지 않았다. 하지만 이제 중국의 경제 성장이 둔화되고 부동산 가격이 하락하면서 조만간 부실 대출이 수면 위로 드러날 것이다.

중국의 부패 정도를 감안하면 대출의 상당 부분이 고위 공무원이나 기업 간부의 친인척 또는 지인에게 흘러 들어갔을 가능성이 높다. 이 때문에 일단 중국 경제가 본격적으로 하강하기 시작하면 부실 대출과 함께 온갖 부패가 동시다발적으로 터지면서 중국 경제를 더욱 깊은 수렁으로 몰고 갈 것이다.

중국의 부채 문제 중에 가장 심각한 것은 실태 파악조차 쉽지 않은 '그림자금융'이다. 그림자금융은 전통적인 은행 대출이 아닌 회사채, 신탁회사, 보험사, P2P 대출 등을 대거 포함한다. 이런 대출은 전통적인 은행 대출에 적용되는 세심한 규제를 받지 않기 때문에 은행 대출보다 유리하지만 그만큼 위험에 노출되어 있다. 물론 그림자금융이 중국에만 있는 것은 아니다. 그럼에도 유독 중국의 그림자금융이 문제가 되는 이유는 그 규모가 빠르게 늘고 있는데다가 우리가 이해할 수 없는 중국만의 방식으로 발전해왔기 때문이다. 중국의 그림자금융은 그 복잡성이나 특이성을 정확히 이해하기 어려워 더욱 위험하다.

중국 그림자금융 상품 중에서 가장 대표적인 것이 바로 'WMP'로 불리는 자산관리상품Wealth-Management Product이다. 중국에서는 어떤 은행에 가도 WMP에 가입할 수 있다. 정부의 규제를 받는 은행 예금의 금리가 대체로 연 3%선인 반면 WMP는 3개월씩 단기로 맡겨도 연 5% 안팎의 금리를 받을 수 있어서 큰 인기를 끌고 있다.

2018년 하반기 원금 비보장형 WMP 잔액은 22조 3천억 위안3,600조 원으로 2019년 우리나라 예산인 470조 원의 7배가 넘을 정도로 엄청난 규모다. 은행은 이렇게 끌어모은 돈을 신탁회사에 넘겨 부동산 프로젝트파이낸싱 같은 위험한 투자에 나선다. 2018년에는 주가를 부양하기 위해 WMP의 주식 투자까지 허용했다.

은행은 WMP를 판매만 할 뿐 곧바로 신탁회사로 넘기기 때문에 은행의 대차대조표에는 기록이 되지 않는다. WMP 투자 설명서에는 깨알 같은 글씨로 이 상품은 '원금 손실이 날 수 있는 상품'이라고 명기되어 있다. 하지만 대다수 중국인들은 예금의 일종으로만 생각할 뿐 원금 손실이 날 수 있다는 사실은 잘 모른다. 은행도 굳이 애써서 고객들의 착각을 바로잡으려고 하지 않는다.

중국인들이 WMP 같은 그림자금융 상품을 100% 안전하다고 믿는 데는 다 이유가 있다. 그동안 중국 은행들이 그림자금융을 운용하다가 손실이 나더라도 조용히 보전해왔기 때문이다. 중국이 워낙 빠르게 성장하고 있어서 부실을 메워줄 여력이 충분했고 시장이 계속 확대되던 터라 부실 금융회사로 낙인찍히는 것보다는 고객의 믿음을 얻어 시장 점유율을 지키는 편이 유리하다고 판단해서다.

앞으로 부동산 가격이 하락하면 얘기는 달라진다. 대규모 부실 사태가 불가피하다. 그림자금융이 대체로 부동산에 투자한 경우가 많아 부동산 가격에 민감하기 때문이다. 게다가 주식에도 투자되어 있어 중국 경기에 민감하게 반응할 것이다. 일단 그림자금융의 뇌관이 터지면, 금융시스템까지 흔들리면서 중국 경제는 걷잡을 수 없이 추락할 수도 있다.

'유령도시'의 함정에 빠진
부동산버블

중국 네이멍구內蒙古 자치구에는 중국의 두바이시를 꿈꾸며 건설한 신도시 캉바스康巴什가 있다.[22] 곧게 뻗은 도로와 초현대식 고층건물 그리고 쇼핑센터가 즐비하지만 이 도시에 딱 하나 없는 게 있다. 바로 캉바스에 거주할 사람들이다. 캉바스는 100만 명을 목표로 계획된 신도시지만 주민이 거의 없어서 '구이청鬼城', 즉 유령도시라고 불린다.

캉바스는 우리 돈 1조 원 정도의 공공자금을 종잣돈으로 민간자본을 유치해 2004년 공사에 착수했다. 2008년 1차 주거시설이 완공됐지만 아무도 살지 않는 텅 빈 도시로 남아 있었다. 지방정부는 이를 비밀리에 붙였지만 미국 시사주간지 《타임》이 발견해 2010년 4월 5일자에 중국 부동산버블을 상징하는 대표적인 유령도시로 소개했다.

문제는 중국의 유령도시가 캉바스만이 아니라는 점이다. 중국 시사주간지 《시대주보》는 캉바스뿐만 아니라 허비鶴壁, 창저우常州 등 12개 도시가 집만 있고 사람은 없는 유령도시로 남아 있다고 보도했다. 알려지지 않은 유령도시까지 합하면 30곳이 넘을 것이라는 추정도 나온다.

더 큰 문제는 베이징에만 빈집이 400만 채나 있을 정도로 도시에도 빈집이 넘쳐난다는 점이다. 2018년 11월 블룸버그 뉴스에 출연한 노무라증권野村證券의 수석 이코노미스트 루팅陸挺은 연구를 통해 중국 363개 도시에서 주택의 5분의 1수준인 5천만 채가 빈집이라고 밝혔다.[23] 중국은 일본만큼 고령화가 심화된 나라도 아닌데 어째서 유령도시와 빈집이 넘쳐나게 된 것일까?

중국의 도시화 과정은 세계에서 유례를 찾아볼 수 없을 만큼 매우 독특하다. 대부분의 나라는 농촌 인구가 도시로 몰려들면 그에 맞추어 도시가 확장해가는 과정을 겪었다. 하지만 1990년까지만 해도 농지였던 상하이 푸동浦東 지구에 마천루를 세웠더니 사람들이 몰려들었고, 이를 목격한 중국인들은 도시를 먼저 건설해놓으면 인구대국 중국에서 사람은 언제든 채워질 것이라고 생각하게 됐다.

이런 위험한 착각 속에 중국의 지방정부들은 더 크고 멋진 신도시를 만들겠다는 건설계획을 경쟁적으로 내놓았다. 지금까지 중국 지방정부가 수립한 신도시 건설계획을 모두 합치면 34억 명을 수용할 수 있을 정도다.[24] 제아무리 인구가 많은 중국이라 해도 수용인원이 중국 인구의 2배가 넘는 신도시를 채울 수는 없으므로 뒤늦게 건설한 도시는 유령도시가 되기 일쑤였다.

언뜻 봐도 무리한 신도시 개발계획을 밀어붙인 이유는 신도시 개발만 성공하면 지방정부가 막대한 경제적 이득을 취할 수 있었기 때문이다. 지방정부는 농민들에게 푼돈을 주고 강제로 토지를 수용한 뒤 이를 민간업자에게 팔아넘겼다. 이 토지 판매대금으로 벌어들인 돈이

2009년부터 2015년까지 7년 동안 22조 위안3,600조 원이나 된다.

대규모 부동산 개발은 부패한 관료들에게 부를 채울 수 있는 절호의 기회였다. 지방정부의 고위 관료들은 자신이 소유한 위장 부동산 개발회사나 친인척 회사에 토지를 넘겨 사적인 이득을 취하는 경우가 적지 않았다. 더구나 이런 부동산 개발에는 늘 거액의 뇌물이 오갔고 사업권을 따내기 위해 온갖 기상천외한 접대 방법이 등장했다.

하지만 중국 경제의 성장세가 둔화된 지금 이 같은 부동산 개발은 지방정부 재정에 치명적인 위협이 되고 있다. 2016년부터 땅값 상승세가 서서히 멈추더니 2018년에는 하락세로 돌아서면서 온갖 부실이 터져 나오고 있다. 이제 신도시를 지어도 더 이상 입주할 기업이나 사람을 찾기가 쉽지 않은 상황이다.

지금까지 부동산 개발은 중국 지방정부의 중요한 수입원이었다. 앞으로 중국 부동산 가격 상승률이 계속 둔화되면 시세차익을 남기기 어려워 중국 지방정부의 재정난은 가속화될 것이다. 더구나 천문학적인 예산을 투입해 개발한 신도시가 유령도시가 되면 신도시 개발을 위해 빚을 내거나 보증을 서준 지방정부도 빚더미에 깔릴 것은 불을 보듯 자명하다.

실제로 중국의 초대형 부동산 개발업체들은 매우 심각한 상황에 처해 있다. 2017년 경제잡지 《포브스》가 선정한 중국 최고 부자 1위에 당당히 이름을 올렸던 쉬자인許家印 회장의 헝다恒大그룹조차 위기설에 시달렸다. 2018년 11월에는 부동산 개발업체인 헝다그룹의 채권 금리가 연 13.5%로 치솟아 헝다그룹 창사 이후 가장 높은 금리를 기록했다. 업계 최고라는 헝다그룹이 이 정도니 다른 군소 부동산 개발업체들은 파산 위기에 내몰렸다고 해도 과언이 아니다.

중국 부동산 개발업체들은 3,550억 달러420조 원의 어마어마한 빚을 지고 있다. 그야말로 남의 돈으로 부동산을 개발해온 셈이다. 그런데 이 중 965억 달러114조 원는 2019년까지 갚아야 한다. 단기 자금을 빌려와 마구잡이로 부동산 개발을 해왔던 대가를 이제부터 치러야 한다.

중국 집값이 더 크게 떨어져서 부동산 개발업체들의 파산 우려가 커지면 투자자들의 조기상환 요구가 빗발치고 부동산 개발업체들의 부담은 더욱 가중될 것이다. 그로 인해 부동산 개발회사들이 대거 무너지면 이들에게 돈을 대준 신탁회사 등 그림자금융 체계가 흔들리고 중국의 금융시스템 전반으로 그 위기가 파급될 수 있다.

급속히 전염되는 '좀비기업'의 위협

중국 경제 전문가인 디니 맥마흔Dinny Mcmahon은 좀비기업의 대표적인 사례로 얼종二重그룹을 들었다.[25] 1958년 군산복합기업으로 출발한 얼종그룹은 세계 최대의 8만 톤급 밀폐형 수압 프레스 단조기계를 만들었다. 당시 얼종은 이 장비만 완성되면 세계 최고의 단조업체가 될 것이라고 굳게 믿었다. 하지만 얼종이 놓친 중요한 것이 있었다. 세계적으로 단조 설비는 이미 포화 상태에 있었다는 점이다. 또 얼종의 단조기계가 있는 쓰촨四川 공장은 내륙 깊숙이 위치해 있어 제품을 운송하려면 강을 이용해야 했다. 그런데 가을이나 겨울에는 강물이 줄어들어 연중 상당 기간 제품 운송이 불가능했다. 이렇다 보니 얼종은 세계 최대의 단조기계를 만들어놓고도 좀처럼 수주를 하지 못했다.

얼종은 영업이익으로 이자조차 갚을 수 없는 기업, 즉 좀비기업으로 전락해 4년 동안 20억 달러의 누적 손실을 기록했다. 근로자들은 일감이 전혀 없어 오전 내내 공장 주변 잡초를 뽑다가 점심시간이 되면 회사가 마련해준 사택으로 돌아가 식사를 하고 오후에는 사택 주변에 만든 텃밭에서 키우는 채소를 관리했다.

다른 나라였으면 이미 오래전에 파산했겠지만 중국에서는 이런 기업조차 좀처럼 망하지 않고 정부의 지원으로 오랫동안 연명해 나간다. 2015년 얼종이 10억 위안의 채권에 대해 이자 지급을 못 하겠다고 발표하자 결국 중국 최대의 석유회사인 시노펙Sinopec이 이를 대신 갚아주었다.[26]

이처럼 중국에서는 정부나 국영은행, 국영기업이 파산 위기의 기업을 구제해주는 것이 매우 흔하다. 문제가 된 부실기업을 건실한 국영기업이 강제로 합병하도록 정부가 조정하는 경우도 많다.

과거 중국이 고성장을 거듭하던 시기에는 이처럼 부실기업을 구제해도 아무런 문제가 되지 않았다. 급속히 성장하는 동안에는 부실기업 몇 개쯤 떠받치는 것은 아무 문제가 없었다. 하지만 2018년 이후 중국의 성장률이 크게 떨어지면서 좀비기업이 대폭 늘어났고 더는 정부 재정으로 좀비기업을 떠받치기가 어렵게 됐다.

좀비기업들은 일단 손해를 보더라도 영업을 계속하려는 경향이 있어서 시장에서 가격을 떨어뜨리는 원흉이 된다. 좀비기업들이 퇴출되지 않고 계속 생산을 하면 시장 전체의 가격을 떨어뜨리고 멀쩡한 기업들까지 좀비기업으로 전락시킨다. 더구나 정부가 좀비기업을 강제로 인수하도록 하면 좀비기업을 인수한 멀쩡한 기업까지 부실화된다. 좀비영화에서 좀비에 물려 좀비가 확산되는 것처럼 저성장이 시작된 중국 경제에서 하나의 좀비기업이 주변 기업들을 빠르게 감염시켜 기하급수적으로 늘어나고 있다.

특히 중국의 금속산업은 대단히 심각한 수준이다. 2014년 중국이 전 세계 철강의 절반 이상을 생산할 정도로 생산량을 늘리자 전 세계 철강 가격이 폭락했다. 알루미늄은 중국이 미국보다 무려 13배나 생산량이 많다. 이뿐만 아니라 중국은 조선과 화학 등 무려 21개 산업에서 심각한 설비 과잉 현상을 겪고 있다. 트럼프 미국 대통령이 취임 직후 철강과 알루미늄에 대해 25%의 높은 관세를 매긴 것도 이 같은 중국의 공급 과잉에 따른 시장교란과 깊은 연관이 있다.

최근 중국산 공기청정기나 무선청소기가 상상을 초월할 정도로 가격이 저렴한 것을 자주 목격했을 것이다. 중국 기업이 이렇게 싸게 팔 수 있는 이유는 단순히 값싼 인건비 때문만이 아니라 공급 과잉을 부추기는 중국 정부의 천문학적인 '묻지마 지원' 탓이 크다. 만일 정부의 지원이 사라지면 현재 장부상으로는 이익을 보는 것처럼 보이는 중국 기업 대부분이 순식간에 대규모 적자로 돌아설 것이다.

좀비기업에 대해 매우 보수적인 기준을 적용하는 중국인민대학 교조차 2013년에 좀비기업 수가 무려 3만 개에 육박해 전체 기업의 15%에 이른다고 분석한 바 있다.[27] 미국과의 무역 분쟁이 시작된 이후에는 그 수가 더욱 빠르게 늘고 있지만 이제는 통계조차 잘 나오지 않아서 실태조차 파악하지 못하고 있다.

지금 중국의 기업 부채는 GDP 대비 무려 160%나 된다. 미국의 GDP 대비 기업 부채 비율이 70%인 점이나 독일이 50%인 점을 감안하면 중국의 기업 부채 비율은 높아도 너무나 높다. 만일 중국의 경제 성장률이 추락하고 더 이상 좀비기업을 지원할 여력이 없어지면 중국의 좀비기업은 단순히 기업의 위기가 아니라 금융시스템 전반으로 확산되어 중국 경제 전체에 커다란 위협이 될 것이다.

이 같은 좀비기업의 심각성을 인식한 중국 정부는 2018년, 좀비기업을 2년 안에 정리하겠다고 선언했다. 하지만 좀비처럼 죽지 않는 좀비와 같이 질긴 생명력을 가지고 중국 경제 전반으로 확산되는 좀비기업을 2년 안에 정리한다는 것은 꿈같은 얘기다. 중국의 부패 구조와 맞물려 오히려 회생 가능성이 있는 기업들이 먼저 정리되어 성장 가능성만 약화시킬 공산이 크다.

6장

인구 시그널:
경제를 잠식하는 침묵의 살인자

14억 인구대국 중국을
위협하는 저출산

1978년 12월 덩샤오핑이 개혁개방을 선언한 이후 중국은 지난 2018년까지 40년 동안 단 한 번도 경제 위기를 겪지 않고 놀라운 성장을 거듭해왔다. 후진국이 경제 위기 한 번 겪지 않고 40년을 내리 성장해 중진국을 넘어선 것은 거의 전례를 찾아보기 힘들다. 이처럼 중국이 지속적인 성장을 할 수 있었던 가장 큰 원동력 중 하나는 바로 인구였다.

　1965년 중국의 출산율은 무려 6.4명이나 됐다. 출산율이 낮은 것도 경제 성장에 걸림돌이지만 과도하게 높은 출산율도 초기 단계에서는 경제 성장에 큰 짐이 될 수 있다. 자녀 1인당 교육비가 낮아 인적 자본 축적이 되지 않고 높은 출산율로 부양인구가 많은 상황에서는 고도성장이 쉽지 않기 때문이다.

그런데 중국의 강압적인 1가구 1자녀 정책 덕분에 급격히 출산율이 낮아지면서 15세 미만 인구가 급감하여 생산연령인구 비중이 빠르게 늘어났다. 생산연령인구 비중이 높아지는 것은 경제 도약에 큰 밑거름이 된다. 쉽게 말해 4명 중 1명이 일하던 경제에서 4명 중 3명이 일할 수 있는 경제로 바뀌면 근로인구는 늘고 부양인구가 줄어 경제 성장이 가속화된다.

이처럼 중국은 1978년 개혁개방을 시작한 이후 생산연령인구 비중이 지속적으로 증가한 덕분에 인구 보너스Demographic bonus를 누릴 수 있었다. 인구 보너스란 생산연령인구의 비중이 높아지고 고령인구 비중이 낮아져서 경제 성장이 촉진되는 현상을 뜻한다.

그런데 인구대국 중국의 가장 중요한 성장 동력이었던 '인구'에 비상이 걸렸다. 과거에는 출산율이 낮아져 어린이가 줄어들면서 생산연령인구 비중이 높아졌지만 2012년부터는 고령인구가 늘면서 오히려 생산연령인구가 차지하는 비중이 줄어들기 시작한 것이다. 그로인해 인구가 최고의 무기였던 나라에서 인구가 치명적인 약점으로 전환됐다.

중국처럼 생산연령인구가 줄어들기 시작한 상황에서 고성장이 계속되면 노동력이 부족해져서 임금이 치솟는다. 이처럼 고성장을 거듭하던 경제가 노동력 부족으로 성장률이 정체되거나 하락하는 순간을 '루이스 전환점Lewisian turning point'[28]이라고 부른다. 중국의 인구구조가 루이스 전환점을 지났는지 아닌지는 향후 중국이 고성장을 유지할 수 있느냐 없느냐를 가르는 중요한 시그널이다.

그런데 중국이 이미 루이스 전환점을 지났다는 신호가 곳곳에서 포착되고 있다. 2008년부터 2015년까지 중국 근로자들의 임금이 평균 12.6%나 급등했다.[29] 이렇게 임금이 폭등하면 당연히 생산비용이 치솟아 오르고 국제경쟁력도 약화될 수밖에 없다. 이 때문에 한때 중국 진출에 열을 올렸던 글로벌 기업들이 하나둘씩 중국을 떠나 동남아시아로 생산기지를 옮기거나 본국으로 돌아가고 있다.

더 큰 문제는 중국의 고령화다. 중국은 2000년에 이미 65세 이상 고령인구 비중이 전체 인구의 7%를 넘어서 고령화 사회에 진입했다. 중국은 1인당 국민소득이 1만 달러도 되지 않은 상태에서 고령화가 시작됐다. 우리나라는 15,000달러가 됐을 때 고령화 사회에 접어들었지만 중국이 고령화 사회로 접어들었을 때 1인당 국민소득은 고작 1,000달러도 되지 않았다. 너무 일찍 고령화 사회에 진입한 탓에 중국 고령층은 노후 준비가 전혀 안 된 상황에서 은퇴하는 처지가 됐다. 노후 준비가 안 된 고령층이 생계조차 어렵게 되면 정부는 이들을 위해 재정지출을 늘려야 한다. 그 부담은 고스란히 경제활동을 하는 젊은 세대에게 전가될 수밖에 없다. 지금은 생산연령인구 2.8명이 노인을 부양하지만 2050년에는 1.3명이 부양해야 하므로 근로계층의 부담은 순식간에 감당할 수 없을 정도로 커진다.

이 같은 생산연령인구 감소와 고령층의 급격한 증가가 중국 경제의 발목을 잡는 치명적인 요소가 될 것이다. 이 때문에 중국에서는 '부자가 되기 전에 늙어버렸다'는 의미로 '미부선로未富先老'라는 말이 나오고 있다. 이제 중국은 인구가 성장의 동력이 아니라 오히려 발목을 잡는 인구 오너스 시대로 접어들었다.

고령화와 저출산이 중국 경제를 위협하자 국제신용평가사 무디스Moody's는 2017년 중국의 국가신용등급을 Aa3에서 A1으로 한 단계 강등했다. 무디스가 중국의 신용등급을 낮춘 것은 1989년 이후 28년 만에 처음이다. 중국은 신용평가 방식이 잘못됐다며 강력하게 반발했지만 무디스의 평가는 냉정했다. 무디스는 중국의 생산연령인구가 줄어들고 있는데다 생산성까지 둔화되는 상황에서 성장률을 유지하기 위해 무리하게 부채 규모를 늘리는 점이 중국 경제의 심각한 위험 요소라고 보았다. 이에 빚에 의존한 거품 경제는 이제 곧 한계에 부닥칠 것이라고 경고했다.

중국은 뒤늦게나마 인구문제의 심각성을 인식하고 강압적인 한 자녀 정책을 폐기했다. 하지만 한 자녀 정책을 폐기한 2016년 합계출산율한 여자가 가임기간인 15~49세에 낳을 것으로 기대되는 평균 출생아 수이 1.5에서 1.7로 반짝 상승세를 보였을 뿐 2017년에는 1.6으로 다시 주저앉았다. 합계출산율이 2.1은 되어야 인구가 유지되기 때문에 여전히 턱없이 부족한 출산율이다.

도대체 왜 중국의 출산율은 좀처럼 회복되지 않는 것일까? 베이징 대학교 광화관리학원 교수 량젠장梁建章은 "중국인의 양육고통지수가 세계에서 가장 높을 것"이라며 저출산의 원인을 대도시의 너무 높은 부동산 가격과 양육비용, 돌봄시설 부족 등 양육에 따른 고통이 너무 크기 때문이라고 설명했다.

가장 큰 문제는 한없이 치솟아 오른 부동산 가격이다. 2018년 대외경제정책연구원이 펴낸 '글로벌 부동산버블 위험 진단 및 영향 분석' 보고서를 보면 베이징의 가계소득 대비 PIR주택가격비율이 17.1, 상하이는 16.4를 기록해 세계에서 가장 높은 편에 속한 것으로 나타났다. PIR이 17.1이라는 것은 17년 동안 한 푼도 쓰지 않고 모아야 평균 수준인 집 한 채를 살 수 있다는 얘기다. 이는 집값이 비싼 편인 서울의 11.2나, 런던의 8.5, 뉴욕의 5.7과는 비교도 되지 않을 만큼 높은 수치다.[30] PIR이 11.2인 서울에서도 집값이 큰 부담인데, 16이 넘는 중국의 주요 도시에서는 아예 결혼이나 출산을 포기할 수밖에 없는 것이다.

중국의 양육비용도 만만치 않다. 중국 금융연구원은 자녀가 태어나서 대학을 졸업할 때까지 자녀 1인당 양육에 필요한 돈이 50만 위안 8,500만 원이나 된다고 밝힌 바 있다. 중국의 1인당 국민소득이 우리나라의 3분의 1도 되지 않는다는 점을 감안하면 감당하기 쉽지 않은 수준이다.

집값과 양육비 때문에 출산율이 좀처럼 회복되지 않고 있다는 분석이 나오자 중국의 지방정부들이 앞다투어 출산보조금을 지급하고 출산휴가를 연장하는 정책을 내놓았다. 심지어 난징대학교 류즈뱌오劉志彪 교수와 장예張曄 교수는 《신화일보》에 기고한 글에서 "40세 이하 성인 남녀 월급에서 생육기금을 공제해 그 돈으로 자녀가 둘 이상인 가정을 지원하자"라고 제안했다가 거센 항의를 받기도 했다.

중국의 저출산 추세가 단기간에 바뀌기는 어려울 것이라는 전망이 많다. 출산 연령대의 여성 자체가 급격히 줄어드는 추세이기 때문이다. 중국 20~30대 여성이 전체 인구에서 차지하는 비중은 2006년 15.3%에서 2016년 15.0%로 낮아졌고 앞으로도 계속 하락할 전망이다. 게다가 2017년 중국의 혼인 건수는 1,063만여 건으로 한 해 전보다 무려 7%나 감소했다.

인구대국 중국마저 이런 상황이니 이미 오래전부터 출산율이 급감하기 시작한 선진국들은 말할 것도 없는 수준이다. 앞으로 대부분의 선진국과 주요 신흥국의 출산율 저하와 고령화 현상은 세계 주요 국가들의 성장률을 0으로 끌어내려 세계 경제를 위협하는 가장 위험한 요인이 될 것이다.

세계 경제를 위협하는
인구구조의 변화

혼히 저출산 현상이 현대 경제에 처음 등장한 문제로 생각되지만 사실 저출산·고령화는 고대 로마제국도 겪었던 문제다. 서기 1세기 무렵 로마제국은 60세 이상 고령인구가 전체 인구의 6~8%를 차지했다.[31] 지금도 65세 이상의 노인인구가 7%를 넘으면 고령화 사회에 진입한 것으로 보는 만큼 평균수명이 훨씬 짧았던 로마제국은 고령화 사회를 훨씬 넘어선 것으로 볼 수 있다.

역사가인 길피란S. C. Gilfillan이 당시 로마령 트로이Troy의 인구를 조사했더니 19세 이상 남성 101명 가운데 결혼한 사람은 고작 35명에 불과했고, 자녀가 1명이라도 있는 사람은 그 절반인 17명, 그리고 자녀가 둘 이상인 사람은 고작 8명에 불과했다.[32]

이 연구에서 특이한 점은 평민보다 귀족층에서 결혼과 출산을 기피하는 현상이 더욱 뚜렷했다는 사실이다. 산업혁명 이전 수많은 나라가 경제난이나 기근, 전쟁으로 인해 빈곤 계층부터 인구가 줄었던 것과 달리 로마제국의 인구 감소 원인은 지금의 선진국들과 매우 유사했다.

평균수명이 짧았던 산업화 이전에 대체로 10대 후반부터 결혼했던 당시와 달리 로마 시민들은 20대 후반이 되어서야 결혼했다. 그러다 보니 한 세대가 교체되는 주기가 30~40년으로 늘어났고 양육비용이 커지면서 출산마저 기피했다. 그래서 로마 귀족들 사이에서는 가문의 대를 잇기 위해 이미 성년이 된 다른 사람의 자식을 양자로 들이는 풍습이 성행했다.

로마제국은 출산율을 높이기 위해 결혼하지 않은 사람에게 '노총각세Aes uxorium'를 부과하기도 했다. 심지어 초대 로마 황제 아우구스투스Augustus 집권기에 로마제국의 번영이 시작되면서 출산율이 더 떨어지자 결혼하지 않으면 부모 재산을 아예 상속받을 수 없게 하고 자녀가 없으면 고위 공직자가 될 수 없도록 제한을 두기도 했다. 동시에 아우구스투스 황제는 아이를 3명 이상 낳은 로마 시민권자에게 각종 특권을 부여하는 '세 아이 법Jus trium liberorum'까지 제정했다. 아이를 셋 낳은 가정의 남성은 각종 공역을 면제받았고 세 아이를 낳은 여성은 남편이 없어도 후견인을 두지 않고 재산권을 행사할 수 있는 권리를 부여받았다.

하지만 그 어떤 노력도 로마제국의 출산율을 높이지는 못했다. 정부가 고령화된 로마 시민들의 노후 복지비용을 감당하지 못하자 민간 대부업자로부터 돈을 빌려 국가 재정을 충당했다. 이로 인해 국가 채무가 급속도로 불어나 빚을 갚지 못하는 지경에 이르렀다. 로마제국은 당시 유통되던 은화의 은 함량을 줄이기 시작했다. 그 결과 돈의 가치는 점점 떨어지고 물가는 급등하여 결국 서기 300년에 로마제국은 극심한 인플레이션을 견디지 못하고 화폐 경제가 붕괴됐다. 이것이 천 년 역사의 로마제국 멸망을 앞당기는 한 원인이 됐다.

출산율 감소와 고령화는 천 년 제국의 운명까지 바꿀 만큼 중요한 요소다. 현대 경영학의 아버지로 불리는 피터 드러커Peter F. Drucker는 "인구 통계의 변화는 정확한 미래 예측을 할 수 있는 유일한 수단"이라며 인구구조의 중요성을 강조했다. 그리고 이 같은 인구에 대한 통찰을 토대로 그는 종종 놀라운 경제 예측을 했다.

1997년 유럽통합과 유로화 출범이 눈앞에 다가오자 많은 학자들이 통합된 유럽이 곧 미국을 능가하는 슈퍼파워로 떠오를 것이라며 추켜세웠다. 반면 피터 드러커는 유럽이 슈퍼파워가 되기는커녕 조만간 인구 고령화와 저출산으로 심각한 위기에 처할 것이라고 경고했다.

그의 예측대로 유럽은 2008년 글로벌 금융위기 이후 큰 타격을 받았고 2011년에는 경제가 회복되나 싶더니 다시 불황에 빠지는 더블딥으로 큰 고통을 받았다. 지금도 여전히 유럽 전체가 저성장의 늪에서 빠져나오지 못하고 있다. 유럽통합에 모두가 들떠 있던 1997년에 드러커는 어떻게 유럽의 몰락을 예견할 수 있었을까?

드러커는 고령화와 저출산이 가속화되어 노인 부양 부담이 커지면 청년들이 실제로 손에 쥘 수 있는 소득인 가처분소득이 줄어들어 결혼과 출산을 기피하게 될 것이라고 예측했다. 이에 따라 출산율이 낮아지면 유럽 경제가 깊은 불황의 늪에 빠질 것이라고 내다본 것이다.

피터 드러커는 1999년 출간한 저서 『21세기 지식경영』에서도 선진국의 출산율 감소와 고령화 현상이 21세기 세계 경제에 가장 심각한 위협이 될 것이라고 우려했다.[33] 특히 일본의 인구는 당시 1억 2천5백만 명에서 21세기 말에 5천만 명대로 줄어들고 이탈리아는 당시 6천만 명에서 2080년경에는 2천2백만 명으로 급감할 것이라고 내다보았다. 그리고 인구 감소가 선진국 경제와 정치에 큰 혼란을 가져올 것이라고 전망했다.

그동안 일본이 겪어왔던 장기불황과 지금 유럽이 겪고 있는 저성장이나 브렉시트Brexit, 이탈리아의 재정 위기 등 온갖 혼란 상황을 놓고 보면 1990년대 피터 드러커는 인구 예측을 통해 이미 현재의 세계 경제와 정치 흐름까지 꿰뚫어 본 셈이다.

'채권왕'으로 불렸던 세계적인 투자전문가 빌 그로스Bill Gross도 인구 통계의 중요성을 정확히 알고 있었다. 그는 "앞으로 수년간 무인도에 갇혀 단 한 가지 정보만 얻을 수 있다면 나는 인구 통계를 택할 것이다"라며 인구의 중요성을 강조했다. 그리고 고령화가 각국의 경제 성장률을 조용히 잠식해가는 '침묵의 살인자'가 될 것이라고 경고했다.

인구와 관련된 가장 위험한 시그널은 바로 생산연령인구가 전체 인구에서 차지하는 비중의 감소다. 생산연령인구가 줄어들면 적극적인 소비 계층도 줄어든다. 사실 65세가 넘은 고령층이 가구나 자동차 같은 내구재나 첨단 IT 신제품을 구매하는 주된 수요층이 되기는 쉽지 않다.

생산연령인구가 줄어들면 자산시장의 수요 기반도 그만큼 약화되기 때문에 대체로 주가나 부동산 가격이 정체되거나 하락한다. 또한 고령화에 따라 재정지출이 늘어나고 세수 기반이 약화되면 정부 부채가 급증한다. 일본의 경우 1990년만 해도 GDP 대비 정부 부채 비율이 66%로 비교적 건전한 편이었지만 고령화가 가속화된 2018년에는 무려 253%로 세계에서 정부 부채 비율이 가장 높은 나라가 됐다.

또한 생산연령인구 비중이 일단 줄어들면 경제 성장률은 끝없이 추락한다. 한때 세계에서 가장 높은 성장률을 자랑하던 일본은 생산연령인구 비중이 줄어들기 시작한 1992년부터 2012년까지 20년 동안 연평균 경제 성장률이 고작 0.85%에 불과했다. 그나마 경제 상황이 나아졌다는 아베 총리 집권 이후에도 2013년부터 2018년까지의 연평균 성장률은 1.22%밖에 되지 않는다.

아베 총리의 경제 정책인 아베노믹스Abenomics의 실체는 금융완화 정책과 적극적인 재정 정책 그리고 엔저円低 정책이다. 이 중에서 그나마 효과를 발휘한 것은 엔저 정책뿐이고, 나머지 정책은 미래의 성장률을 오늘로 끌어온 것에 불과하다. 이제 아베노믹스에 따른 후폭풍이 시작되면 일본의 경제 성장률은 더욱 하락할 수밖에 없다. OECD경제협력개발기구는 2020년 일본의 실질 경제 성장률이 0.68%로

추락할 것이라는 비관적인 전망을 내놓은 바 있다.[34]

생산연령인구 비중이 급속히 줄어들기 시작한 나라는 대체로 일본과 같은 저성장의 늪에서 헤어나지 못하고 있다. 일본처럼 저출산에 시달리는 이탈리아는 2000년 이후 17년 동안 연평균 실질 성장률이 고작 0.25%에 불과했다. 이처럼 이탈리아의 경제 성장률이 저조하다 보니 2020년에는 우리가 1인당 국민소득에서 이탈리아를 추월할 것이라는 전망도 나온다. 세계 주요 7개국, G7 국가라는 명성에 어울리지 않는 초라한 경제 성적표인 셈이다.

스페인과 포르투갈, 그리스 등 다른 남유럽 국가들도 생산연령인구 감소 시점에 성장률이 0%대 수준으로 급격히 둔화되거나 경제 위기를 겪었다. 금융 강국인 영국은 물론 제조업 강국이라는 독일 등 서유럽 국가들도 경제 성장률이 1% 안팎으로 추락해 생산연령인구 비중 감소에 따른 충격을 피해 가지 못했다.

현재 선진국 중에서 생산연령인구 비중 감소에 따른 경제 성장률 저하 현상을 피한 유일한 나라는 미국이다. 미국도 자체적으로는 출산율 저하 현상을 겪고 있지만 세계 최고의 과학기술 인력이 끊임없이 미국으로 몰려들어 다른 선진국들보다는 비교적 유리한 상황이다.

하지만 미국으로 몰리는 이민은 결국 다른 나라의 첨단 인력을 빨아들이는 것이어서 세계 전체적으로는 파이가 늘어나지 않는 제로섬Zero-Sum 게임이다. 미국이 첨단 인재를 싹쓸이할수록 다른 나라들은 더욱 저성장의 늪에 빠질 수밖에 없기에 미국의 인재독식이 오히려 세계 경제 성장에 부담으로 작용할 것이다.

물론 개발도상국가들 중에는 아직 생산연령인구가 늘어나는 나라들이 있다. 대표적인 나라가 바로 인도와 인도네시아, 베트남, 그리고 아프리카 대륙의 일부 국가들이다. 하지만 이들 나라에서 인구가 늘어난다고 해도 세계 경제의 성장엔진이 되기에는 제도적으로나 경제적으로 아직 갈 길이 너무나 멀다.

요컨대 세계 주요 국가에서 인구구조가 악화되는 것은 2020년 이후 세계 경제 성장률을 끌어내리고 자산 가격을 위협하는 심각한 장해 요인이 될 것이다. 각국의 생산연령인구 비중의 감소와 고령화 속도 등 인구구조의 변화를 중요한 시그널로 눈여겨봐야 하는 이유가 여기에 있다.

7장

쏠림 시그널:
한국 사회, 지나치게 쏠리면
반드시 터진다

한국 경제의
역동성은 끝났다

2014년 국회 입법조사처는 700여 년 뒤 한국인이 멸종할 것이라는 보고서를 내놓았다. 우리나라가 합계출산율 1.19명을 계속 유지할 경우 부산은 2413년에, 서울은 2505년에 마지막 아기가 태어날 것이라고 전망했다. 이에 앞서 옥스퍼드대학교 인구문제연구소의 데이비드 콜먼David Coleman 교수는 이미 2006년에 저출산으로 가장 먼저 사라질 대표적인 나라로 한국을 꼽았다.

그러나 지금 시점에서 보면 이마저도 낙관적인 전망이었다. 2018년 우리나라 합계출산율은 0.98명으로 더 떨어졌다. 출산율이 1.0도 못 넘는 나라는, 전 세계에서 우리나라가 유일하다. 출산율 하락은 경제의 역동성을 떨어뜨리고 성장률을 끌어내려 당장 내 일자리가 사라지거나 소득이 크게 줄어들 수 있어 결코 간단한 문제가 아니다.

일단 출산율 저하와 고령화가 시작된 나라에서는 더 이상 경제의 역동성을 기대할 수 없다. 특히 생산연령인구가 줄어들기 시작한 나라는 저성장의 늪에 빠져 오랫동안 고통 받거나 심지어 경제 위기까지 겪기도 한다. 가까운 예로 일본은 생산연령인구 감소와 동시에 버블 붕괴가 일어나 1989년 버블 붕괴 이후 20년이 넘는 장기불황을 겪었다.

문제는 우리의 저출산 현상이 일본과는 비교도 할 수 없을 만큼 심각하다는 점이다. 일본의 합계출산율은 2006년에 기록한 1.26이 최저치였고 그 이후에는 조금씩 높아지면서 1.4 수준으로 안정됐다. 이에 비해 우리나라의 합계출산율은 0.98을 기록한 상황에서 멈추기는커녕 하락세에 더욱 가속도가 붙고 있다.

우리나라의 생산연령인구 비중이 줄어드는 속도는 전 세계에서 가장 빠르다. 이 속도라면 생산연령인구 비중이 10% 줄어드는 데 12년이 걸릴 것으로 전망된다. 생산연령인구 비중 감소로 큰 고통을 겪었던 일본도 10% 줄어드는 데 17년이 걸린 것을 감안하면 우리가 앞으로 겪게 될 경제적 고통은 가늠하기조차 어렵다. 다만 부동산이나 주식시장 등에서 일본만큼 거대한 버블이 없었고 이탈리아만큼 정부 부채 문제가 심각하지 않기 때문에 미리 잘 대처한다면 경제 위기는 피할 수 있을지도 모른다. 하지만 인구구조 악화에 따른 장기불황까지 피하기는 쉽지 않다. 우리나라처럼 인구구조가 악화된 나라는 예외 없이 극심한 불황이나 경제 성장률 하락 현상을 겪었기 때문이다.

우리나라는 일본과 달리 노후 준비가 부실한 탓에 은퇴 직후 자영업에 뛰어드는 사람들이 많다. 그런데 저출산이 가속화되면서 돈을 쓸 젊은 세대가 빠르게 감소하는 상황에서 자영업 성공을 기대하기는 어렵다. 자영업의 위기는 생산연령인구 비중이 축소되는 현재, 우리 경제를 더욱 어렵게 만드는 원인이다.

초고령 사회로 돌진해가는 우리나라에서 은퇴세대가 돈을 굴려 돈을 버는 것도 어려워질 수밖에 없다. 저출산·고령화가 지속되면 '저성장·저금리' 기조가 굳어질 수밖에 없고 주식이든 부동산이든 어디에 투자하더라도 투자 수익률이 전반적으로 하락한다. 따라서 고령화 사회가 가속화되면서 노후 빈곤 문제가 더욱 심각해질 가능성이 크다.

초고령화 사회에 진입한 일본은 2019년 현재 1년 만기 정기예금 금리가 고작 연리 0.1%에 불과하다. 그런데도 일본인들은 차곡차곡 은행에 예금을 한다. 이처럼 낮은 금리에도 불구하고 은행에만 예금하는 것이 답답해 보일지 모르지만 일본이 초고령화 사회로 접어들면서 경제가 활력을 잃고 돈을 투자할 곳이 사라져 금리가 고작 0.1%라도 은행 예금 외에는 딱히 돈을 굴릴 곳이 없기 때문이다.

이처럼 저출산은 단지 청년들만의 문제가 아니라 노년층이든 장년층이든 모두가 함께 고통을 나누게 될 우리 모두의 문제다. 지금 당장 저출산 문제를 해결하지 못한다면 우리 경제는 다시 도약을 꿈꾸기 어려운 상황에 처하고, 우리의 미래는 더욱 암담해질 수밖에 없다.

우리나라는 2018년 7월에 이미 65세 이상 고령자 비율이 14.3%를 기록해 '고령사회'로 진입했고 2026년이 되면 20%를 넘어 초고령화 사회가 될 전망이다. 65세 이상 인구는 근로소득보다 자산소득이나 사회보장제도에 의존하는 경우가 많아 고령인구가 일정 비율을 넘으면 사회보장비용이 증가해 경제에 큰 부담으로 작용한다.

우리나라는 실질 은퇴 연령이 73세로, OECD 회원국 중에서 가장 높은 편이다. OECD 회원국들의 실질 은퇴 연령이 대체로 65세 안팎인 점을 감안하면 무려 8년이나 더 일하는 셈이다. 이는 노후 준비가 되지 않아 60세 정년이라는 말이 무색하게 나이가 들어서도 끝없이 일자리를 찾아야 하는 우리의 서글픈 현실 때문이다.[35]

실질적인 은퇴 연령이 높다는 이유를 들어 우리나라는 고령화에 따른 부작용이 덜할 것이라고 전망하는 시각도 있다. 하지만 이는 지극히 안이한 시각이다. 은퇴 연령이 높다는 것은 고령화의 문제를 다소 늦출 수는 있어도 피해 갈 수 있음을 뜻하지는 않는다. 일본의 은퇴

연령이 70세로 OECD 회원국 중에서 세 번째로 높았지만 고령화의 부작용을 피해 가지 못해 결국 장기불황에 빠졌던 것이 대표적인 반증이다.

우리 경제의 또 다른 문제는 빈부격차 확대에 있다. 소득격차만 놓고 보면 우리나라는 유럽보다 다소 큰 편이지만 미국이나 중국보다는 작기 때문에 큰 문제가 아닌 것처럼 보인다. 하지만 이는 1차 베이비붐 세대 1955년부터 1963년 사이에 출생한 세대의 은퇴가 본격화되지 않았기 때문이다. 1차 베이비붐 세대는 은퇴를 해도 국민연금 같은 사회보장제도의 혜택을 제대로 받지 못하기 때문에 이들이 은퇴하면 대거 저소득층으로 전락해 소득격차는 급격히 확대될 것이다.

보다 큰 문제는 계층 이동의 사다리가 사라지면서 열심히 노력하면 성공할 수 있다는 희망마저 꺾이고 있다는 점이다. 불과 30년 전까지만 해도 부모의 소득격차가 자녀의 성적이나 성공의 결정적 원인이 되지는 않았다. 아무리 가난해도 노력하면 얼마든지 성공할 수 있다는 믿음이 있었다.

하지만 이제는 값비싼 사교육에 의존하면서 부모의 소득 수준이 자녀의 성적까지 결정하는 상황에 이르렀다. 2013년 서울시 교육청의 조사 결과, 부모 소득이 500만 원 이상인 중학교 1학년 학생의 주요 세 과목 평균 점수가 218.3점으로 200만 원 이하로 버는 부모를 가진 학생들의 점수인 192.6점보다 13% 이상 높은 것으로 나타났다.

대학 입시 결과는 학생들의 점수 차이보다 훨씬 더 크게 벌어졌다. 부모의 정보력과 경제력이 대학 합격에 결정적인 역할을 하는 현행 입시제도 때문이다. 서울대학교 경제학부 김세직 교수의 연구 결과,[36] 2014년 서울대학교 합격생이 강북구에서는 학생 100명당 0.1명에 불과했지만 강남구에선 2.1명으로 강남구가 강북구보다 21배나 많았다.

가난을 이겨내고 어렵게 좋은 대학에 들어간다고 해도 계층 이동에 성공한다는 보장은 없다. 1989년 대학 등록금 자율화 이후 등록금이 무려 5배나 오르면서 부모가 재력이 없으면 빚 없이 대학을 졸업하기가 어렵다. 또한 '괜찮은 직장'의 취업문이 극도로 좁아지면서 대학생들은 각종 어학 점수와 자격증 등 '스펙'을 쌓는 데 엄청난 비용을 쓰고 있다.

이처럼 치열한 취업 전쟁에서 한 번 밀려나면 다시 역전할 기회를 잡기란 여간 어려운 것이 아니다. 중소기업이나 비정규직의 임금이 대기업 정규직의 절반 정도밖에 되지 않는데다 일단 중소기업이나 비정규직으로 사회생활을 시작하면 대기업 정규직 전환을 기대하기가 쉽지 않은 구조가 됐기 때문이다.

그 모든 악조건을 딛고 대기업에 정규직으로 취업하더라도 부모의 지원 없이는 평생 집 한 채 마련하기가 쉽지 않다. 당장 서울에서 집 한 채를 마련하려면 수십 년을 한 푼도 쓰지 않고 모아야 가능할 정도로 집값이 치솟아 올랐다. 이런 상황에서는 아무리 최선을 다해도 스스로의 '노력'만으로 가난의 굴레에서 벗어나 계층 이동을 하기가 어렵다.

실제로 2017년 2월 여론조사업체 입소스Ipsos는 뉴욕, 도쿄, 마드리드 등 세계 25개 주요 도시에 사는 청년18~24세들을 대상으로 성공에 대한 인식을 조사했다. 청년들에게 원하는 분야에서 성공할 가능성이 있다고 생각하는지를 물었고, 긍정적으로 답변한 비중이 서울은 고작 38%로, 25개 도시 가운데 꼴찌를 기록했다.

이런 식으로 부의 세습이 고착되어 계층 상승의 사다리를 타고 올라오는 야심찬 도전자가 나오지 않으면 경제는 점점 더 활력을 잃어갈 것이다. 또한 부유층의 자녀도 별다른 도전을 받지 않고 쉽게 부를 거머쥘 수 있고 유지할 수 있다면 자연히 나태해질 수밖에 없다. 노력이 차이를 만들지 못한다면 저소득층이든 부유층이든 가장 합리적인 선택은 아무런 노력을 하지 않는 것이기 때문이다. 부의 대물림이 고착화되어 경쟁 자체가 실종되면 경제 전체를 몰락의 길로 이끌 것이다.

이를 반영하듯 우리나라의 경제 성장률은 시간이 갈수록 하락하고 있다. 김대중 대통령 재임 시절 5년 동안 연평균 성장률은 5.32%였지만 노무현 대통령 때는 4.48%로, 이명박 대통령 때는 3.2%로, 박근혜 대통령 때는 2.98%로 떨어졌다. 선진국에 진입한 나라들이 저성장에 돌입했던 절차를 그대로 밟고 있다.

누구나 꿈을 갖고 노력하면 성공할 수 있던 시대가 저물어가면서 우리 경제는 빠르게 역동성을 잃어가고 있다. 인구구조의 악화를 막고 다시 역전의 꿈을 불어넣을 특단의 대책을 찾지 못한다면 앞으로 우리 경제는 성장을 멈추고 일본처럼 수십 년간 장기불황을 겪거나 이탈리아처럼 역성장하게 될지도 모른다.

지금이라도 추락하는 한국 경제의 방향을 바꾸기 위해서는 무엇보다 역동성을 회복해야 한다. 무너진 '역전의 사다리'를 바로 세우는 것만이 위기에 빠진 우리 경제가 다시 활력을 되찾는 유일한 길이다.

한국 경제의 위험을 알리는 시그널, '쏠림'

역동성이 사라진 한국 경제의 심각한 증상을 한 단어로 표현하면 '쏠림'이다. 경제 성장이 둔화되면서 투자 수익이 전반적으로 낮아지자 경제가 한 곳으로 몰리는 쏠림 현상이 나타나고 있다. 우리 경제의 근본적인 문제점이 역동성이 사라진 것이라면 '쏠림'은 겉으로 드러난 증상인 셈이다.

쏠림 현상이 나타나는 대표적인 분야가 수출이다. 한국의 수출 경쟁력은 2011년 이후 급격히 약화되어 특히 2015년에는 수출이 8%,

2016년에는 6% 급감했다. 수출에만 매달렸던 우리 경제에서 수출마저 둔화된 것은 총체적 난국이나 다름없었다.

그런데도 우리나라는 새로운 시장을 개척하지 못하고 중국에만 매달렸다. 2018년 기준 우리나라 수출의 26%를 대중국 수출이 차지할 정도로 중국 경제에 대한 의존도가 커졌다. 새로운 시장 개척 대신 중국으로의 쏠림을 택한 대가로 중국 경제가 조금만 흔들려도 우리 경제가 큰 타격을 받을 정도로 연관성이 커졌다. 앞서 살펴본 것처럼 중국 경제가 세 마리의 회색 코뿔소 때문에 급격히 둔화되거나 심지어 위기에 빠질 경우 중국 경제에 쏠려 있는 우리 경제도 큰 타격을 입을 수밖에 없다.

또 다른 수출의 문제는 반도체 쏠림이다. 다음 그림을 보면 2015년부터 2016년까지 급감했던 수출이 2017년과 2018년 2년 동안 다시 증가세로 돌아섰다. 하지만 12대 주력 산업 가운데 수출이 눈에 띄게 늘어난 품목은 반도체밖에 없었다. 결국 우리나라의 2년 수출 호황은 전적으로 반도체의 슈퍼사이클 덕분이었다.

반도체 호황 덕분에 달러가 쏟아져 들어오면서 원화 가치 강세가 이어졌다. 인도나 인도네시아, 브라질 등 다른 신흥국 통화 가치가 3분의 2 수준으로 추락할 동안 우리 원화는 유독 견고한 흐름을 보였다. 이 같은 원화 강세로 반도체를 제외한 철강, 조선, 자동차 등 다른 주요 수출 품목의 경쟁력은 크게 약화됐다.

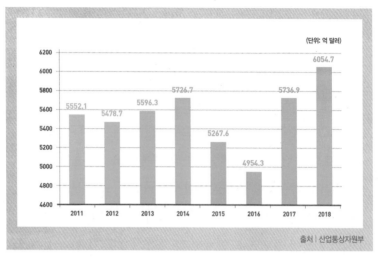

연간 수출액(2011~2018)

    반도체산업이 세계 최고라는 점은 분명 자랑스러운 일이다. 하지만 반도체산업은 철강이나 조선, 자동차 등 다른 주력 산업과 달리 아무리 수출이 잘되어도 고용 창출 효과가 미미한 편이다. 반도체산업의 경우 최종 산출액 10억 원에 대해 직접적으로 창출되는 고용 효과를 나타내는 취업 계수는 1.4명에 그친다. 우리나라 전체 산업 평균인 6.6명의 4분의 1도 되지 않는다. 게다가 해외 부품에 대한 의존도가 높아 국내에 남기는 부가가치가 크지 않기 때문에 다른 산업에 비해 경제 전반에 큰 도움이 되지도 않는다.

    더구나 수출의 대부분을 반도체에만 의존하는 형국이라 반도체

산업의 상황에 따라 우리 경제까지 흔들릴 수 있다. 물론 반도체 호황이 끝나 수출이 줄어들면 언젠가 원화 가치가 하락해 다른 산업이 수출 경쟁력을 회복할 수도 있겠지만 그 쏠림이 해소되어 타 산업으로 전환되는 과정에서 통화 가치가 요동치며 큰 고통을 겪을 수도 있다.

내수 경제에서도 또 다른 쏠림 현상을 찾을 수 있다. 지난 몇 년 동안 우리나라의 경제 성장이 건설 투자에 과도하게 의존해왔다는 점이다. 2016년 역대 최악이라고 할 만큼 급격히 수출이 감소했지만 경제 성장률은 2.9%로 비교적 양호했다. 수출 의존도가 높은 우리 경제에서 수출 급감에도 불구하고 성장률을 지킬 수 있었던 이유는 무엇일까?

그 성장률 하락을 막아낸 특효약은 바로 건설 경기 부양책이었다. 정부가 온갖 부동산 부양책으로 천문학적인 건설 투자를 유도했다. 2016년 당시 경제 성장에서 건설 투자 기여율이 50%에 육박했다. 즉 경제 성장의 절반 가까이가 건설 투자 덕분이었던 셈이다. 만일 건설 투자가 없었다면 2016년 성장률은 2%도 넘기 어려웠을 것이다. 이처럼 겉으로 드러난 성장률뿐만 아니라 산업별 구조와 쏠림 현상까지 정확히 파악해야 경제의 정확한 실체를 파악할 수 있다.

또 다른 쏠림은 자영업이다. 우리나라의 자영업 비중은 2017년 기준으로 전체 취업자 중 25.4%나 된다. 4명 중에 1명이 자영업에 종사하는 셈이다. 이 같은 자영업 비중은 그리스나 터키, 멕시코, 칠레에 이어 5위에 이르는 수치다. 관광대국인 그리스나 터키의 경우 자영업 비율이 높은 게 당연하지만 우리나라처럼 산업구조가 고도화된 나라에서 이 정도로 자영업 비중이 높은 것은 매우 이례적이다.

사실 우리나라의 높은 자영업자 비중은 일그러진 산업구조와 노동시장의 단면을 보여준다. 수출과 대기업 중심의 경제구조는 중소기업과 대기업의 양극화를 가중시켰고 대기업 임금이 중소기업의 1.7배나 될 정도로 노동시장을 양분했다. 이 때문에 한 번 노동시장에서 탈락한 사람들이 예전처럼 '괜찮은 직장'으로 재취업이 어려워 자영업을 택하는 경우가 많다.

외환위기 이후 평생 고용이 무너지고 퇴직 시기가 빨라지면서 1차 베이비붐 세대가 어쩔 수 없이 자영업을 택하는 경우도 적지 않다. 국민연금 등 사회보장제도의 혜택이 크지 않은 세대인 만큼 퇴직금만으로 길어진 노후에 대응하기가 쉽지 않기 때문이다. 자영업자 쏠림 현상은 우리 산업구조와 노동시장의 문제점을 보여주는 일그러진 단면이다.

네 번째 증상은 가계 자산의 부동산 쏠림 현상이다. 우리나라는 가구 순자산의 80~90%를 부동산에 올인하고 있다. 이런 상황에서 2018년에 서울 아파트 가격이 폭등하는 부동산 광풍이 또다시 일어났다. 이렇게 부동산 쏠림이 강해진 이유는 우리 경제에서 역동성이 사라져 더 이상 투자를 해도 부동산 말고는 돈 벌 곳이 마땅치 않아서다.

혁신을 통해 새로운 산업이 끊임없이 등장하는 경제에서는 시중 자금이 혁신 기업이나 신산업으로 몰려가지만 혁신성과 역동성이 사라진 경제에서는 돈을 벌 곳이 부동산밖에 없다. 이 때문에 성장률이 둔화되면 처음에는 부동산으로 돈이 몰려 부동산 불패의 신화를 만들지만 결국 성장률 하락이 굳어지면 치솟아 올랐던 부동산 가격은 다시 제자리를 찾아간다.

1980년대 일본 경제가 플라자 합의Plaza agreement [37] 이후 수출 경쟁력을 잃어 경제 전체가 활력을 잃어버리자 일본 정부는 내수 산업을 일으키겠다며 막대한 돈을 풀었다. 이미 역동성을 잃어버린 일본 경제에서 풀린 돈은 대부분 부동산으로 몰려들었고 도쿄 23구東京 23区의 부동산 가격은 불과 2~3년 만에 2배 넘게 치솟아 올랐다. 하지만 1989년 버블 붕괴 이후 부동산 가격이 폭락하면서 그동안 올랐던 부동산 가격을 고스란히 반납하게 됐다.

이미 성장률이 정체되고 더 이상 돈을 벌 곳이 사라진 경제 환경에서 부동산 가격만 오르는 것은 새로운 투자처를 찾지 못한 일시적인 '쏠림' 현상에 불과하다. 성장을 동반하지 않은 부동산 가격 폭등은 마치 촛불이 꺼지기 직전에 잠깐 타오르는 불꽃과 같다. 소득 증가와 경제 성장을 동반하지 않은 과도한 부동산 가격 급등은 '쏠림' 현상의 시그널로 보고 각별히 경계해야 한다.

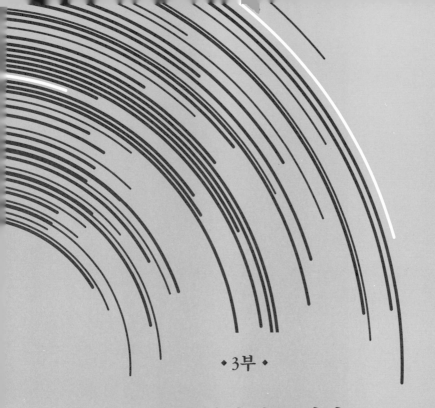

• 3부 •

부의 지각변동에서
승자가 되는 법

"어려움 한가운데 그곳에 기회가 있다."

| 알베르트 아인슈타인 Albert Einstein |

1장

피할 수 없는 미래,
향후 3가지 시나리오

2020년 미국에서 시작될
'위험 시그널'에 주목하라

지금 미국은 2009년 7월 이후 2018년 11월까지 무려 113개월이 넘는 역사상 두 번째로 긴 호황을 누리고 있다. S&P500지수 상승 기간은 114개월로 역대 1위를 기록했다. 강세장으로는 최장 기간을 돌파한 것이다. 하지만 강세장이 길었던 만큼 그 피로감이 점점 더 커지고 있다.

이번 장기호황은 2008년 글로벌 금융위기 이후 미국 연준의 무차별적인 양적완화와 초저금리에 힘입은 호황이었다. 돈의 힘으로 끌어올린 호황답게 자산 가격 하나만큼은 발군으로 치솟아 올랐다. 최근 2009년 이후 9년 동안 미국의 S&P500지수 상승률은 332%로 역대 미국 강세장의 지수 상승률 중에 3위를 차지했다. 지금까지 주가 상 승률이 가장 높았던 때는 대공황 직전 버블기로 497%였다. 그리고 두 번째는 1990년대 IT버블기로 당시 S&P500지수 상승률은 417%를 기록했다. 이처럼 주가가 이례적으로 높게 치솟은 경우에는 꼭 주가 폭락으로 막을 내렸다.[1] 장기호황의 끝에는 어김없이 주가 폭락과 불 황이 엄습했다.

부동산시장에도 돈이 몰려들면서 런던, 뉴욕, 홍콩, 밴쿠버 등 세 계 각지에서 부동산 가격 폭등이 일어났다. 많은 나라의 부동산 가격 이 이미 글로벌 금융위기 직전의 가격을 넘어섰다. 경제 성장을 동반 하지 않은 집값 급등이어서 이들 나라에서는 소득으로 감당할 수 없 을 만큼 집값이 한껏 치솟아 올랐다. 그런데 폭등한 자산 가격과 달리 경제 성장률 측면에서 보면 이번 10년 호황은 그 어느 때보다도 미약 한 호황이었다. 경제 회복이 시작된 2009년부터 2017년까지 미국의 성장률은 연 평균 1.8%에 불과했다. IT버블기였던 1990년부터 2000 년까지 경제가 연평균 3.3%나 성장한 것과 비교하면 절반 수준밖에 되지 않는다.[2]

이 미약했던 호황에 처음 위기 신호가 나타난 것은 2016년이었 다. 당시 중국 상하이종합지수가 전년 최고치 대비 거의 반 토막에 가 깝게 폭락하고 조지 소로스 등 몇몇 헤지펀드 투자자들은 위안화 가치 폭락에 베팅하기도 했다. 중국발 위기설이 불거지면서 유럽이나 미국 증시까지 흔들렸다.

위기설이 불거지면 반드시 정부나 금융당국의 개입이 시작되므로 대개 예측대로 진행되지는 않는다. 미국 대선이 있었던 2016년에는 미국 연준이 대선이 끝날 때까지 기준금리 인상을 중단했다. 연준은 정치적 중립성을 주장했지만 금리 인상 기조에도 불구하고 굳이 인상을 중단한 것은 결국 대선을 염두에 둔 조치로 보인다.

야당 대선후보였던 트럼프 대통령은 2016년 내내 연준이 힐러리 클린턴의 당선을 돕기 위해 무리하게 금리를 동결하고 있다며 맹비난했다. 하지만 연준 의장 재닛 옐런Janet Yellen은 이에 아랑곳하지 않고 금리 동결 행진을 이어갔다. 덕분에 중국 위기설과 이에 따른 세계 경기 둔화 우려를 뒤로 미룰 수 있었지만 대신 자산시장의 버블은 훨씬 더 커졌다.

미국 경제의 장기호황이 끝나갈 무렵 취임한 트럼프 대통령은 취임과 동시에 엄청난 규모의 경기 부양책과 감세 정책을 함께 시행했다. 법인세를 21%로 낮춰준 것뿐만 아니라 개인들의 소득세까지 낮췄다. 그 결과 2018년에는 1,630억 달러, 2020년에는 2,850억 달러라는 엄청난 규모의 감세 효과가 나타났다.

그에 더해 트럼프 행정부는 2018년 1월부터 2년 시한으로 사회간접자본 투자 등을 위해 예산 편성 한도를 증액하기로 합의했다. 2018

년에만 1,080억 달러, 2019년에는 1,740억 달러의 재정적자가 추가로 늘어나 2020년에는 미국의 누적 재정적자가 1조 달러1,185조 원에 이를 것으로 보인다.[3]

트럼프 대통령은 경기 호황의 막바지에 천문학적인 재정확대 정책을 사용한 탓에 미국 경기를 과열시켜 경제 호황을 이끌었다는 자신의 업적을 과시할 수 있었다. 하지만 이제 2020년이 되면 이 같은 경기 부양책의 효과는 사라지고 오히려 미국 경제에 큰 부담으로 작용하게 될 것이다.

트럼프의 감세 정책이 당장은 미국 경제가 더 좋아지는 것 같은 착시 현상을 일으키지만 결국엔 갚아야 하는 빚이다. 결국 내일의 성장을 오늘로 끌어당긴 것에 불과하다. 오히려 불황이 왔을 때 완충작용을 할 수 있는 부양책을 미리 소진한 탓에 정작 불황이 왔을 때 싸울 중요한 무기가 사라진 셈이다.

미국은 2016년 이후 민주당과 공화당이 번갈아 금융, 재정 정책을 사용했고 그 덕분에 지금까지 경기 둔화를 피할 수 있었지만 그 대신 상상을 초월할 정도로 위험한 버블을 계속 키워왔다. 이제 시기가 뒤로 미뤄질수록 2020년 이후에 도래할 경기 불황의 강도는 점점 더 커질 것이다.

이 책의 앞부분에서도 설명했지만 2020년 위기설이 불거지자 미국 연준은 금리 인상을 조기에 종료하겠다는 뜻을 내비쳤다. 심지어 추가적인 양적완화 가능성까지 거론하고 있다. 특히 2020년은 미국의 대선이 있는 해이기도 하다. 연준이 섣불리 금리 인상을 단행하기도 어렵다. 이 때문에 향후 2~3년은 미국 경제의 호황이 어떻게 끝날지를 가늠할 중대한 기로가 될 것이다. 연준과 미국 정부가 기를 쓰고 경기 침체를 막으려고 하겠지만 이제 남은 정책 수단이 많지 않은 상황에서 매우 힘겨운 싸움이 될 수밖에 없다. 2016년과 2020년의 연이은 대선에 밀려 기준금리를 높여놓지 않았기 때문에 앞으로는 금리 인하 여력이 별로 없는 상황이다.

현재의 경제 상황만 놓고 본다면 서두에서 소개했던 전 연준 의장 벤 버냉키나 레이 달리오, 투자은행인 JP모건의 전망처럼 2020년에 경기 침체가 올 가능성이 매우 높은 상황이다. 다만 2020년 대선을 앞둔 트럼프 대통령과 연준이 2020년 경기 침체와 사투를 벌이게 되면 곧 닥칠 경기 침체를 2~3년 뒤로 미룰 수 있을지는 모르겠다.

하지만 경기 부양책과 양적완화, 금리 인하로 만든 가짜 호황을 억지로 유지하려다가는 자칫 더 큰 파국을 부를 수 있다. 만일 트럼프 대통령이 또 다른 경기 부양책으로 경기 침체의 도래 시기를 더 늦춘다면 그 파괴력은 기하급수적으로 커질 것이다. 특히 우리나라는 미국 경제에 큰 영향을 받기 때문에 향후 2~3년은 이 책에서 소개한 미국 경제의 시그널을 더욱 주의 깊게 관찰해야 한다.

중국의 성급함에는
대가가 따른다

2008년 미국이 글로벌 금융위기의 진원지가 되면서 세계 경제가 흔들리자 중국은 글로벌 금융위기하에서 성장 기조를 유지하기 위해 막대한 돈을 풀고 금리를 크게 낮췄다. 덕분에 글로벌 금융위기 당시 중국은 세계 경제의 마지막 성장엔진이라고 할 만큼 높은 성장률을 유지할 수 있었고 세계 각국은 중국만 바라보는 상황이 됐다.

이때 중국은 글로벌 금융위기로 얻은 자신들의 위상에 만족하고 은밀하게 다음 기회를 도모했어야 했다. 그랬다면 중국은 다음에 찾아올 여섯 번째 파동에서 정말로 미국을 역전할 기회를 얻었을지도 모른다. 그러나 중국은 글로벌 금융위기를 부상할 수 있는 절호의 기회로 착각하고 미국을 거침없이 밀어붙였다.

덩샤오핑은 1990년대에 도광양회韜光養晦를 중국 근대화의 근본 전략으로 삼았다. 도광양회란 마치 영웅을 논하는 조조 앞에서 한없이 여린 척하며 본심을 숨겼던 유비처럼 칼날의 빛을 칼집에 감추고 어둠 속에서 힘을 기른다는 뜻이다. 덩샤오핑은 언젠가 중국이 세계 최강대국이 될 날을 꿈꾸며 미국을 자극하지 않고 은밀히 힘을 키우는 전략을 택한 것이다.

하지만 미국이 글로벌 금융위기의 진원지가 된 2008년 이후 미국 경제가 눈에 띄게 약화된 것처럼 보이자 중국은 도광양회 전략을 버리고 자신의 힘을 과시하며 상대국을 거침없이 압박하는 돌돌핍인咄咄逼人 전략으로 전환했다. 돌돌핍인이란 기세등등하게 힘으로 밀어붙이는 것을 뜻한다.

그 대표적인 사례가 바로 중국의 일대일로—帶—路였다. 중국은 미국의 턱밑이라고 할 수 있는 니카라과에서 반미 정권과 손잡고 운하 건설을 시작했다. 니카라과에 500억 달러59조 원를 투입해 전체 278km 길이에 이르는 운하를 2020년까지 완공할 계획이다. 이 운하가 완공되면 중국이 100년 동안 운영권을 확보해 미국이 주도하는 파나마 운하를 위협하게 될 것이다.

중국은 여기에 그치지 않고 미국의 역린逆鱗이라고 할 수 있는 달러화의 기축통화[4] 지위에 도전하기 시작했다. 2010년 후진타오 주석은 서울에서 열린 G20 정상회담에서 달러를 대체할 글로벌 기축통화 메커니즘을 만들어야 한다고 주장했다. 또 중국에 국제금융센터를 설립하고 위안화의 국제 결제를 대폭 확대했다.

글로벌 금융위기가 한창이던 시기에 세계 경제의 버팀목이라는 찬사를 받자 국제 외교 무대에서 미국을 겨냥한 거침없는 발언도 서슴지 않았다. 2009년 1월 중국의 원자바오 총리는 미국의 경제모델이 낮은 저축률과 과소비로 간신히 유지되는 지속 불가능한 성장모델이라며 직격탄을 날렸다.

성급함에는 대가가 따른다. 중국이 도광양회를 유지하면서 조금만 더 여유를 갖고 미국을 추격했다면 중국에게 훨씬 더 유리한 상황이 전개됐을지도 모른다. 하지만 중국은 이참에 미국을 앞지르겠다고 생각했는지, 경제 성장률을 무리하게 끌어올리기 위해 금리를 과도하게 낮추고 시중에 천문학적인 돈을 풀기 시작했다.

중국 경제의 가장 큰 패착은 너무 조급하게 미국의 패권에 도전한 탓에 미국과의 무역 분쟁까지 불러왔다는 것이다. 미중 무역협상만 타결되면 이후 모든 갈등이 해소될 것이라는 생각은 너무나 큰 오판이다. 이미 미국의 주류 사회가 중국을 잠재적 위협 요인으로 보고 경계하기 시작했기 때문이다. 앞으로 끊임없이 중국을 견제하면서 새로운 갈등을 유발할 것이다.

그야말로 중국은 샴페인을 터뜨려도 너무 일찍 터뜨린 셈이다. 미중 무역 분쟁은 천문학적인 부채와 좀비기업, 부동산버블, 금융 부실 등 산적한 문제에 시달리는 중국 경제를 깊은 나락으로 끌어내릴 것이다.

앞서 설명한 것처럼 미국이 2020년대 이후 경제 불황에 시달리면 중국에 대한 압박 수위를 더욱 높여갈 가능성이 크다. 미국 경제가 불황이나 침체 위험에 노출되어 있다면, 중국 경제는 버블 붕괴와 경제 위기의 위험에 노출되어 있다. 미국에서 경제 불황이나 침체가 시작되면 중국 경제는 더욱 큰 어려움에 처하게 될 것이다. 미국 경제가 채찍의 손잡이라면 중국 경제는 채찍의 끝이라고 할 수 있다. 채찍의 손잡이인 미국 경제가 조금만 흔들려도 중국 경제가 요동치는, 이른바 '채찍 효과'가 일어날 것이다.

우리나라 경제는 과거 수차례의 글로벌 금융위기 직후 빠르게 회복될 수 있었다. 하지만 2008년 금융위기 이후 중국에 대한 의존도를 끝없이 높여온 영향으로 중국 경제가 흔들리면 직격탄을 맞게 될 것이다. 중국이 언젠가는 다시 도약할 수 있겠지만 이미 미국과의 본격적인 패권 다툼이 시작된 이상 한동안은 부침이 불가피하다. 이제 중국이 경제 위기의 새로운 진원지가 될 가능성이 크므로 우리도 중국 경제가 보내는 위험 시그널에 각별히 신경 써야 한다.

다가올 경제의 미래, 3가지 시나리오

2020년 이후 세계 경제는 거대한 변화의 변곡점을 향해 달려갈 것이다. 현재 세계 경제가 처한 상황을 기반으로 가능한 시나리오를 세워두고 향후 2~3년 동안 경제의 다양한 시그널을 관찰하면서 세계와 우리 경제가 어떤 시나리오를 향해 나아갈지를 점검해보자. 앞으로 세계와 대한민국 경제가 겪게 될 미래는 다음 3가지 시나리오로 정리해볼 수 있다.

첫 번째 시나리오는 미국 정부와 금융당국의 적극적인 경기 부양책으로 지금의 미국 호황이 상당 기간 계속되는 시나리오다. 2018년 가을에 수많은 경제 석학들과 저명한 투자자들의 '2020년 미국 경제 위기설'이 쏟아져 나오자 2019년 미국 연준은 금리 인상을 중단할 수 있다는 뜻을 내비쳤다. 더구나 트럼프 대통령도 적극적인 경기 부양 의지를 천명했다.

만일 이 같은 경기 부양책이 실질적으로 효과를 발휘한다면 2018년에 제기된 '2020년 위기설'이 오히려 미국의 호황을 더욱 연장하는 나비 효과를 일으킨 셈이 될 것이다. 이 경우에도 남미나 남유럽, 아시아의 몇몇 취약 국가는 어려움을 겪겠지만, 미국이 버팀목이 되면 세계 경제는 큰 위기 없이 성장을 지속할 수 있을지도 모른다.

하지만 이 책에서 소개한 7가지 시그널로 볼 때 이미 미국의 호황은 끝나가고 있다. 설상가상으로 세계 경제의 견인차 역할을 했던 중국마저 최근 등장한 세 마리의 회색 코뿔소에 휘둘려 뿌리째 흔들리고 있는 상황에서 세계 경제가 큰 조정 없이 확장 국면을 지속할 것이라고 기대하기는 쉽지 않다.

이 시나리오대로 경제가 흘러가려면 미국과 중국 두 나라가 모두 건재해야 하는데 미국은 몰라도 단 한 번의 위기 없이 지난 40년 동안 거품을 부풀려온 중국 경제가 2020년대에도 아무런 조정 없이 지속적인 성장을 하리라 예상하기는 어렵다. 중국에서 위기가 시작될 경우 중국에 의존해 성장해온 우리나라는 다른 국가들보다 더 큰 타격을 받을 것이다.

두 번째 시나리오는 2020년을 전후해 세계 주요 국가의 경기 둔화가 장기화되면서 일본식 장기불황에 빠져드는 것이다. 세계적으로 생산연령인구가 줄어들고 있으며, 극단적인 부의 쏠림 현상까지 일어나고 있다. 2008년 글로벌 금융위기 이후 초저금리와 양적완화로 부풀린 버블로 10년을 버텼지만 금리 인상이 시작된 이후에는 그 한계에 다다르고 있다.

그동안 계속 버블을 만들면서 위기를 극복해온 만큼 더는 버블이 몸집을 불리지 못하는 순간이 오면 결국 파국을 맞을 수밖에 없다. 다만 연준과 세계 금융당국이 그동안 수많은 버블 붕괴를 경험해오면서 경제를 연착륙시킬 수 있는 다양한 금융 정책 수단을 연구해왔을 거라 믿기에 약간의 희망은 남아 있다.

미국과 세계 주요 국가의 금융당국이 현명하게 대처한다면 2008년 글로벌 금융위기 같은 경제 위기를 반복하는 것은 피할 수 있을지도 모른다. 하지만 아무리 현명하게 대처한다 해도 금융위기라는 최악의 파국만 막을 수 있을 뿐 구조적인 저성장 기조와 일본식 장기불황까지 피해 갈 것이라고 장담하기는 어렵다. 이 경우 1989년 일본의 버블 붕괴와 같은 경제 위기는 없더라도 장기불황에 빠진 프랑스나 이탈리아처럼 성장률이 지속적으로 낮아지면서 서민들의 고통은 더 커질 공산이 크다. 경제 성장률이 계속 낮아지면 프랑스처럼 소요 사태로 혼란에 빠지거나 이탈리아처럼 포퓰리즘 정당이 득세해 사회적 갈등을 더 키우고 잠재성장률을 악화시키는 악순환이 확산될 수 있다.

세 번째 시나리오는 세계 경제가 위기로 치닫는 가장 섬뜩한 시나리오다. 미국과 세계 주요 국가들의 금융당국이 그동안 숱한 경제 위기를 겪으면서 다양한 대책을 만들어왔다. 최근에는 2011년 유럽 경제의 더블딥이나 2016년 중국 경제 위기설 등 수많은 위기의 가능성을 사전에 차단하는 놀라운 조정능력을 보여왔다. 하지만 우리가 경제 위기를 막을 경제 정책, 즉 백신을 끝없이 개발해온 것처럼 경제 위기도 계속 돌연변이를 일으키며 바이러스처럼 진화해왔기 때문에 경제 위기에서 영원히 벗어날 수는 없다. 온갖 최신 경제이론으로 무장한 미국 금융당국조차 2000년 밀레니엄 버블 붕괴나 2008년 글로벌 금융위기를 피해 가지 못했다.

지금처럼 세계 각국의 빚이 한없이 불어난 상황에서는 신흥국이나 선진국 가릴 것 없이 그 어떤 나라라도 위기의 진원지가 될 수 있다. 최악의 상황으로 미국의 경기 둔화가 중국의 경제 위기나 유로존의 경기 침체와 겹칠 경우 세계 경제를 초유의 위기로 몰아넣는 퍼펙트 스톰이 발생할 수도 있다. 퍼펙트 스톰은 둘 이상의 태풍이 충돌해 그 영향력이 폭발적으로 커지는 현상으로, 세계 경제에 동시다발적으로 위기가 일어나는 것을 뜻한다. 2개의 태풍이 만나면 태풍의 진로를 예측하기가 어려워지는 것처럼 세계 각국에서 동시다발적으로 위기가 일어나면 그 여파를 가늠하기 힘들어 대응하기가 무척 까다롭다.

물론 세 번째 시나리오가 일어나서는 안 된다. 현재 7가지 시그널을 분석해보더라도 세 번째보다는 두 번째 시나리오, 즉 한동안 세계 경제가 성장률 둔화 현상을 보일 가능성이 가장 크다. 하지만 미국 대선이나 미중 무역 분쟁 등 복잡한 정치 상황과 맞물리면 언제든 세 번째 시나리오가 현실이 될 수 있다. 앞으로 수년 동안은 세계 경제의 시그널을 면밀히 체크해야 할 이유다.

미국 대선이 있는 2020년에 맞춰 경기를 부양하기 위해 연준이 금리를 전격 인하하거나 양적완화를 재개하고, 트럼프 행정부가 재정 정책을 통해 추가적인 부양책을 동원하는 경우가 가장 위험하다. 이 경우 잠깐 동안은 경기가 다시 살아날 것 같은 착시 현상을 일으키겠지만 그 여파로 2021~2022년에 우리가 가장 두려워하는 퍼펙트 스톰이 발생할 가능성은 더욱 커진다.

특히 강한 리더십의 스트롱맨Strong man들이 세계 주요 국가의 리더를 차지하는 상황에서는 자기 임기 내에 경기를 부양하기 위해 언제든 극단적인 선택을 할 가능성을 배제할 수 없다. 자기 임기 내에 경기 둔화를 피하려다 자칫 치명적인 경제 위기를 부르는 어리석은 선택을 할 수 있다.

지금 각국의 정상들은 중요한 결정을 계속 뒤로만 미루고 있다. 이 때문에 브렉시트나 미중 무역협상, 중국의 구조조정, 이탈리아의 재정문제 등 중요한 현안들이 매듭지어지지 않고 계속 진행 중이다. 이렇게 미루고 미루던 수많은 현안들이 어떤 계기로 인해 한꺼번에 터져 나오면서 연쇄 반응을 일으킬 수 있는 상황으로 가고 있다.

자국의 경제가 악화되면 각국의 스트롱맨들은 다른 나라에 위기를 떠넘기기 위해 더욱 치열한 무역전쟁에 나설 것이다. 사실 1929년 세계 대공황도 각국의 리더들이 자기 나라만 살리겠다며 경쟁적으로 보호장벽을 쌓은 탓에 세계 경제가 위축되었고 대공황이 더욱 심각한 상황으로 흘러갔다는 점을 명심해야 한다.

안타깝게도 과거 10년의 호황이 앞으로도 계속되리라는 시나리오는 기대하기 어렵다. 빚의 힘으로 누려왔던 초장기호황은 버블이 둔화되든 터지든 어떤 방식으로든 조정이 일어날 수밖에 없다. 다만 그 조정기간을 어떻게든 뒤로 미루려는 각국의 정상들과 경제 관료들의 힘겨루기가 버블 붕괴의 가능성을 키우고 있다.

향후 2~3년 동안 세계 경제는 중요한 기로에 서게 될 것이다. 세계 경제가 어디로 갈지 정확하게 파악하고 대비하려면 세계 경제의 향방을 알리는 중요한 시그널들을 누구보다도 먼저 찾아내고 오류 없이 파악해야 한다.

또한 앞으로 세계 경제가 어떤 시나리오로 가더라도 결코 흔들리지 않고 안정적으로 수익을 올릴 수 있는 포트폴리오를 잘 준비해두는 것이 중요하다. 향후 경제가 심연의 바닥을 칠 때까지 안정과 절제를 통해 포트폴리오의 균형을 추구해야 한다.

물론 앞으로 경기 둔화나 침체, 위기가 찾아온다고 해도 인류의 역사가 계속되는 한 경제는 반드시 재도약할 것이다. 이런 재도약은 경제가 가장 어둡고 긴 터널을 지나는 바로 그때에 시작된다. 우리가 만약 절망에 빠져 이를 깨닫지 못하면 그 절호의 기회를 놓치기 쉽다.

재도약의 시기를 찾아내기 위해서는 이 책에서 소개한 금융당국의 기준금리와 시장금리, 부채 비율, 환율의 변화는 물론 부동산이나 주식 등 자산 가격의 평가 방식처럼 다양한 시그널을 적극적으로 활용해야 한다. 재도약의 타이밍을 한발 먼저 파악할 수 있다면 새로운 시대를 앞서 나갈 대역전의 열쇠를 얻을 수 있다.

2장

2020년,
집값을 결정하는 3가지 키워드:
수요, 공급, 금리

오르내리는
집값 파동의 비밀

2010년 배추 가격이 치솟으면서 도매가격이 한 포기에 1만 1,100원을 넘어섰다. 이렇게 배춧값이 폭등하자 이듬해인 2011년에는 농민들이 너도나도 배추를 심었다. 그랬더니 이번에는 배춧값이 폭락하는 바람에 한 포기에 890원으로 추락했다. 농민들은 출하 비용조차 감당하지 못했고, 밭을 그대로 갈아엎는 일이 속출했다.

이듬해 폭락을 경험한 농민들은 배추 재배를 크게 줄였다. 그로 인해 배추 수확이 급감했고 배추 도매가격은 1만 3,300원으로 치솟

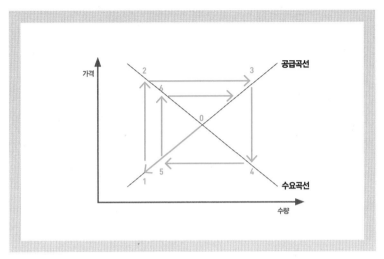

배춧값의 파동을 설명해주는 거미집 모형

았다. 가격이 오르면 공급이 늘어나고 가격이 내리면 공급이 줄어드
는 것이 시장의 원리다. 배추 시장에는 왜 이런 시장의 원리가 작동하
지 않은 것일까?

그 이유는 배추를 심고 수확할 때까지 시차가 존재하기 때문이다.
배추를 재배하는 데는 일정 시간이 필요하기 때문에 배춧값이 아무
리 폭등해도 곧바로 공급을 늘릴 수 없다. 이 같은 현상을 수요공급
곡선에 표시하면 위 그래프처럼 거미집 모양으로 나타난다. 경제학
에서는 이를 가리켜 '거미집 모형Cobweb model'이라고 부른다.

배추 가격이 처음에는 수요곡선과 공급곡선이 만나는 ◎에서 균

형을 이루고 있었다고 가정해보자. 그런데 가뭄과 같은 외부 충격으로 배추 공급이 ①로 줄어들면 가격이 크게 올라 ②에서 배춧값이 결정된다. 그런데 그다음 해에 너도나도 배추를 심어 배추 공급이 ③으로 늘어나면 배추 가격은 다시 ④로 폭락한다.

이런 거미집 파동의 대표적 사례가 바로 집값이다. 2000년 이후 우리나라 집값은 놀라울 정도로 규칙적인 파동을 만들며 상승해왔다. 아래 표는 국민은행이 집계한 전국의 집값 상승률이다. 국민은행이 부동산 통계를 집계하는 방법에 일부 문제가 있다는 비판도 있지

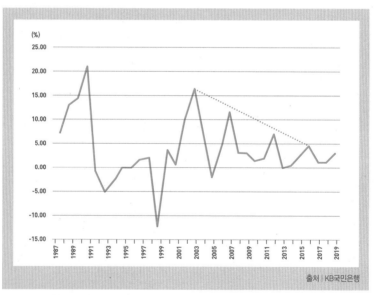

전국 집값 상승률(전년 대비)

만, 그래도 지금까지 나온 부동산 통계들 중에서는 비교적 신뢰할 만하다고 평가받고 있다.

이 통계를 기준으로 집값의 변화를 살펴보면 2~3년 급격히 올랐다가 1~2년 안정되는 현상이 규칙적으로 반복되어왔다. 이처럼 규칙적으로 집값이 상승과 안정을 반복해온 배경에는 거미집 파동의 원리가 숨어 있다. 아파트 공급이 수요를 따라가지 못하면 집값이 상승한다. 그러면 건설업자들은 분양을 늘리지만 이 분양 물량이 입주를 통해 공급으로 이어지려면 적어도 3~4년 이상이 걸리기 때문에 그 기간 동안 집값은 계속 상승세를 타게 된다.

집값이 상승세를 타는 동안 건설업자들은 분양을 쏟아낸다. 하지만 실제 입주가 이루어지지는 않으므로 공급 부족은 계속되어 집값은 계속 오른다. 그러다가 대대적인 분양이 시작된 지 3~4년 뒤 본격적인 입주가 시작되면 공급이 초과되면서 집값은 하향 안정세를 보인다. 집값이 하향 안정화되면 대체로 분양이 잘되지 않기 때문에 건설업자들이 분양을 미룬다. 3~4년 뒤에는 입주 물량이 줄어들어 다시 집값이 상승하는 원인이 된다.

지금까지 우리나라 집값은 급등과 안정을 반복하며 2000년 이후 네 번의 파동을 겪었다. 첫 번째 파동은 동아시아 외환위기의 여파로 발생했다. 1998년 집값이 12% 넘게 폭락할 정도로 극심한 불황이 오자 아파트 분양이 거의 중단되다시피 했다. 3년 뒤에는 입주 물량이 거의 없었던 탓에 심각한 공급 부족 현상이 일어나 2001년 이후 집값이 폭등했다.

흥미로운 것은 파동이 거듭될수록 집값 상승폭이 줄어들고 있다는 점이다. 1차 파동이었던 2002년 전국의 집값 상승률은 무려 16.4%를 기록했다. 1990년 21.0%보다는 낮았지만 지금은 상상할 수도 없는 높은 상승률을 보인 셈이다. 2차 파동인 2006년에는 전국 집값 상승률이 11.6%로, 3차 파동의 절정기였던 2011년은 6.9%로 낮아졌다.

가장 최근인 4차 파동의 절정기는 2015년이었다. 전국 집값 상승률은 4.4%로 역대 파동 중에 가장 약했다. 그래서인지 박근혜 정부는 집값을 더 끌어올리기 위해 초저금리와 부동산 규제 완화 등 온갖 정책 조합을 동원해 이른바 '빚내서 집사라 정책'이라고 불릴 만큼 대대적인 부동산 부양책을 퍼부었다. 언론까지 이 같은 정부의 정책을 우호적으로 보도하면서 부동산 부양책은 날개를 달았다.

정부의 대대적인 부양책으로 인해 아파트 분양 물량이 폭발적으로 늘어났다. 2000년부터 2014년까지 우리나라에 분양된 아파트는 평균 27만 호였다. 그런데 2015년에는 52만 호, 2016년에는 45만 호, 2017년에는 33만 호, 2018년에는 30만 호에 이르는 엄청난 물량이 분양됐다. 200만 호를 짓겠다고 공언했던 노태우 정부 이후 가장 많은 분양 물량이 봇물처럼 터져 나온 것이다.

이렇게 많은 물량이 쏟아져 나오면 집값은 어김없이 하락세를 보였다. 실제로 노태우 대통령의 200만 호 건설 이후 1991년부터 2000년까지 무려 10년 동안 집값은 하락세를 보였다. 경제 성장률과 물가 상승률이 높은 개발도상국에서 이렇게 오랫동안 집값이 큰 폭의 하락세를 보인 것은 매우 이례적인 일이다. 200만 호 건설의 여파가 오랫동안 주택 시장을 잠재운 것이다.

그런 측면에서 200만 호 건설 이후 가장 많은 입주 물량을 자랑하는 2019년 이후 부동산시장을 눈여겨봐야 한다. 특히 2019년부터 2022년까지 전국적으로 평균보다 훨씬 많은 입주 물량이 쏟아져 나오기 때문에 1990년대에 이어 또다시 큰 폭의 조정이 일어날 가능성이 있다.

사실 정부도 이 사실을 잘 알고 있었을 것이다. 그래서 박근혜 정부는 부동산 수요 확대 효과를 노린 것으로 추정되는 다양한 정책들을 쏟아냈다. 대표적인 정책이 바로 임대사업자에게 제공한 각종 특혜였다. 임대사업자로 등록만 하면 보유세와 양도세를 깎아주는 세제 혜택은 물론 무주택자나 1주택자보다도 더 쉽게 대출을 받을 수 있도록 온갖 규제를 완화해주었다.

그러나 박근혜 정부의 적극적인 부동산 부양책에도 불구하고 집값이 안정되기 시작했다. 특히 2016년부터 우리나라 수출이 역대급으로 감소하면서 기업 실적이 악화되고 가계소득이 불안정해져 4차 파동이 잦아들고 집값은 하향 안정화되는 듯 보였다.

하지만 2017년 반도체 슈퍼사이클이 시작되면서 급감하던 수출 실적이 되살아나고 기업의 투자도 활성화되어 경제 성장률이 3%대로 올라섰다. 기업의 실적이 회복되면서 임금 인상이 가속화됐고 이로 인해 중상위 이상 계층의 가계소득이 대폭 늘어난 덕에 고가 주택에 대한 수요가 커지면서 집값이 다시 상승하기 시작했다.

게다가 2018년 상반기까지 문재인 정부는 이러한 시장의 수요 변화를 간과했다. 종합부동산세 개편안이 시장의 기대보다 미약하다는 소식이 전해지면서 집값 상승을 부채질했다. 지난 정부보다 임대사업자에 대한 각종 특혜를 확대한 탓에 임대사업자로 등록한 다주택자들의 주택 수요가 더욱 늘어났다.

사실 집값을 끌어올리려던 박근혜 정부라면 몰라도 집값을 잡겠다던 문재인 정부가 왜 이런 부동산 정책을 썼는지 이해가 안 가는 측면이 있다. 시장을 너무 잘 알고 있어서 2019년 이후 집값 하락 위험성을 너무 성급하게 걱정한 탓에 강력한 집값 안정책을 내놓지 못했을 수도 있고, 반대로 2018년에 집값 상승을 이끄는 시장의 힘을 미처 파악하지 못하고 간과했을 수도 있다.

어쨌든 뒤늦게 강력한 부동산 수요 억제 정책인 9.13 부동산 대책과 공급대책인 9.21대책을 발표하면서 폭등하던 부동산시장을 가까스로 잠재웠다. 9.13대책이 즉각적으로 부동산시장을 냉각시킨 것은

1주택 이상인 가계가 더 이상 빚을 내서 집을 사지 못하도록 봉쇄했기 때문이었다. 게다가 강화된 부동산 보유세도 집값 안정을 이끌어내는 데 한몫을 했다.

그렇다면 앞으로 집값은 어떻게 될까? 이를 분석하기 위해서는 2020년 이후의 주택시장을 수요와 공급 측면에서 살펴볼 필요가 있다. 우선 공급 측면에서는 2015년에서 2018년까지 쏟아진 분양 물량 때문에 2019년부터 적어도 3년 동안은 공급 과잉 현상이 일어날 가능성에 주목해야 한다. 게다가 정부는 집값 안정을 위해 3기 신도시 개발로 20만 가구를 추가 공급할 예정이다. 서울시도 도심 주변 역세권 용도 변경이나 상업지역의 용적률을 한시적으로 높여 8만 가구를 추가 공급하겠다는 계획을 내놓았다. 이 계획이 100% 실행될지는 확실하지 않지만 적어도 공급이 더 늘어날 것은 분명하다. 만일 이 계획대로 다 추진된다면 수년 내에 수도권에만 28만 가구가 추가로 공급되는 셈이니 결코 적은 물량이 아니다.

공급 못지않게 중요한 것이 수요다. 이런 가운데 앞으로 다가올 인구구조의 변화는 우리가 한 번도 경험해보지 못한 새로운 길이다. 결코 과거의 경험으로 미래를 예단해서는 안 된다. 2018년은 우리나라 역사상 처음으로 생산연령인구 비중이 감소하기 시작한 해다. 생산연령인구 비중이 감소한 나라들은 이민자들이 대거 유입되거나 천문학적인 양적완화를 하지 않는 한 대부분 집값 하락을 겪었다.

지금은 베이비붐 세대의 본격적인 은퇴가 더욱 가속화되는 시기이기도 하다. 베이비붐 세대는 다른 어떤 세대보다 가장 자산이 많고 집에 대한 애착이 컸기 때문에 그동안 부동산 가격 상승을 주도했다. 베이비붐 세대의 은퇴가 본격적으로 시작되었고, 그들의 소득은 줄어들었다. 이제 그들은 집의 매수 주체가 아니라 매도 주체가 될 가능성이 크다. 특히 정부가 임대소득자에 대한 특혜를 축소하고 보유세를 강화했으니 정부가 정책 기조를 바꾸지 않는 한 이 현상이 가속화될 가능성이 있다.

한편 베이비붐 세대가 은퇴한다 해도 1인 가구가 급격히 증가하여 부동산 수요는 충분하다고 주장하는 '부동산 전문가'들도 있다. 하지만 최근 늘어난 1인 가구가 베이비붐 세대가 팔려는 값비싼 아파트의 수요층이 되기는 어렵다. 새로 증가한 1인 가구의 대부분은 집을 살 형편이 되지 않는다. 오피스텔이나 원룸, 고시원 등을 전전하는 경우가 적지 않다.

앞으로 집값의 수요를 가늠하려면 주택 자가보유율을 눈여겨볼 필요가 있다. 주택 자가보유율은 자기 집을 보유한 가구의 비율을 뜻한다.[5] 2014년 주택 자가보유율은 58%까지 떨어졌다. 집값 하락에 대한 기대가 커서 내 집을 사기보다는 전세를 선호했기 때문이다. 그런데 2016년 시작된 부동산 붐을 타고 2017년 자가보유율이 61.1%를 기록해 다시 2006년 수준을 넘어서 1990년대 이후 가장 높은 수준을 보였다.

2000년에 15.5%였던 1인 가구 비중이 17년 만에 2배 가까이 급증하면서 전체 가구의 28%를 넘어설 정도로 대세로 자리 잡은 점, 1인 가구가 대체로 집을 살 만한 재정 여력이 2인 이상 가구에 비해 훨씬 미약한 점을 고려하면 그야말로 집을 가질 여력이 있는 사람은 거의 다 집을 산 셈이다. 따라서 투기수요라면 몰라도 주택에 대한 실수요는 한동안 주춤할 수밖에 없다.

주택 수요에서 주목해야 할 또 다른 문제는 소득 증가율이다. 사실 부동산 가격이 크게 올랐던 2017년과 2018년에는 가계소득이 큰 폭으로 늘어났다. '2018년 가계금융·복지조사 결과'에 따르면 2017년 가구당 평균 소득은 전년보다 4.1%나 증가해 2012년 이후 4년 만에 최대 폭을 기록했다. 이렇게 소득이 커지면 중산층은 주거환경부터 바꾸고 싶은 경향이 있는데다 주택담보대출을 받을 여력이 커지기 때문에 자연스럽게 주택 수요가 늘어난다.

하지만 2019년부터 성장률이 낮아지고 미국이나 중국발 해외 불안 요인까지 커지고 있어 소득 증가 속도가 둔화될 가능성이 커졌다. 1인당 3만 달러가 넘는 나라 가운데 경제 성장률이 2%를 넘는 경우는 극히 드물다. 앞으로 장기적으로도 과거와 같은 소득 증가율을 유지하기란 불가능에 가깝다. 이 같은 소득 정체는 결국 집에 대한 수요 감소로 나타날 것이다.

금리도 집값에 큰 영향을 미치는 요소 중 하나다. 신규 주택 구입자의 경우 빚을 지는 사람이 많은데다 빚을 지지 않더라도 투자의 기회비용이 달라지기 때문에 금리가 오르면 집값은 상승폭이 둔화되거나 하락하는 경향이 있다. 2018년 미국이 네 번이나 기준금리를 올린 탓에 지금까지는 금리가 집값 상승을 제약하는 요인이 되어왔다.

그러나 미국 경제가 둔화될 것이라는 우려가 점점 커지면서 조만간 금리 인하 기조로 돌아설 가능성이 커졌다. 금리 요인만 놓고 볼 때 금리 인하가 시작된다면 주택 수요를 자극할 가능성이 있다. 하지만 미국이 금리 인상 기조를 조기에 마무리한다는 것은 그만큼 미국 경제가 빠르게 악화되고 있다는 것을 뜻하기 때문에 미국의 금리 인하가 반대로 집값 하락의 단초가 될 수도 있다.

2020년 집값 전망을 위해 주택 수요와 공급 측면을 모두 살펴보았다. 지금은 수요와 공급 모든 측면을 고려할 때 집값 상승보다 하락 요인이 더 큰 상황이다. 자칫 중국이나 미국발 경기 불황까지 더해질 경우 집값이 예상보다 더 크게 떨어질 가능성도 배제할 수 없다. 이 때문에 2020년대 초반에는 부동산시장이 주는 시그널을 면밀히 살피면서 집값 변동에 보수적으로 대응해야 한다.

2020년,
다시 부동산을 생각한다

한때 일본에도 '부동산 불패不敗'의 신화가 있었다. 하지만 이제는 '부동산 연패連敗'가 더 익숙한 개념이 된 지 오래다. 1989년 부동산버블 붕괴 이후 도쿄 23구의 부동산 가격은 순식간에 3분의 1토막 수준으로 폭락했다. 단 한 번의 폭락으로 끝난 것이 아니라 그 뒤에도 일본의 집값은 18년 동안 줄곧 하락하기만 했다.

그러다 2007년 일본 정부가 온갖 부동산 부양책을 쏟아부은 덕에 간신히 집값이 오르는 듯하다가 글로벌 금융위기로 2009년 도쿄 23구 상업용 부동산 가격은 또다시 10%나 폭락했다. 아베 총리의 등장 이후 정말 오랜만에 집값이 상승세를 보이고 있지만 오랫동안 부동산 가격 하락을 겪은 일본인들에게는 여전히 부동산에 대한 불안감이 남아 있다.

일부 부동산 전문가들은 일본과 우리나라의 차이점을 들어 1989년에 있었던 일본 수준의 대폭락은 없을 것이라고 주장한다. 물론 '일본만큼의 대폭락'이 없을 것이라는 점에 어느 정도 동의한다. 그동안 우리나라는 다양한 부동산 규제 정책을 쓴 덕분에 1980년대 후반의 일본 같은 엄청난 부동산버블이 발생하지는 않았기 때문이다.

1980년대 일본은 부동산 폭등이 정권의 치적이라고 생각하고 집

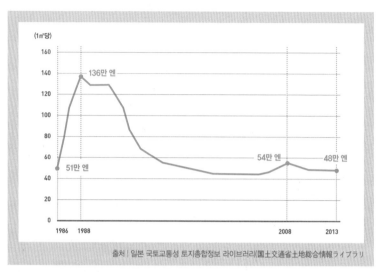

(1㎡당)

160

140 ┤ 136만 엔

120

100

80

60 ┤ 54만 엔   48만 엔

51만 엔

40

20

0

1986 1988   2008   2013

출처 | 일본 국토교통성 토지총합정보 라이브러리(国土交通省土地総合情報ライブラリ

도쿄 23구 주택용지 공시지가

값 상승을 은근히 즐기며 폭등을 방치했다. 그러다 도쿄 23구의 부동
산 가격이 불과 3년 만에 2.5배나 뛰어오르자 여기에 놀란 일본 정부
가 하루아침에 부동산 규제로 돌아서는 바람에 버블을 터뜨리는 바늘
역할을 하고 말았다. 일본의 부동산버블은 정부가 거품을 인위적으
로 키우고 급하게 터뜨려버린 전형적인 '정부 리스크'의 산물이었다.

　이에 비해 우리나라는 집값이 조금만 들썩여도 주택담보인정비
율LTV, 총부채상환비율DTI, 총체적상환능력비율DSR 등 이름도 복잡한
다양한 부동산 규제 정책과 조세 정책으로 집값 폭등을 막아왔다. 덕
분에 우리나라의 부동산버블은 1980년대 후반의 일본과는 비교할 수

없을 정도로 작은 상황임은 분명하다.

하지만 우리가 진짜 주목해야 할 것은 일본 부동산 가격의 대폭락이 아니라 대폭락 이후에도 거의 20년 넘게 부동산 가격이 오르기는커녕 내림세를 보였다는 점이다. 그 어떤 자산이건 3분의 1토막이 날 정도로 대폭락을 하면 대부분 반등하기 마련이다. 하지만 일본 부동산시장은 첫 반등까지만 무려 18년이나 걸렸고 그나마 2년짜리 반짝 반등을 했다가 다시 주저앉았다. 그리고 아베노믹스로 다시 부동산 가격이 오를 때까지 무려 25년 동안 약세를 보인 것이다.

도대체 일본의 부동산시장은 왜 25년이나 장기불황을 겪었을까? 당시 일본에 생산연령인구 감소, 성장률 둔화, 수출 증가율 감소, 가계소득 감소, 지속적인 물가 하락 등 모든 악재가 한꺼번에 몰려왔기 때문이다. 이를 막기 위해 일본 정부가 온갖 부동산 부양책을 펴부었지만 무려 25년 동안 아무런 소용이 없었다.

문제는 2020년대의 우리나라 역시 1990년대의 일본과 유사한 구조적 약점을 갖고 있다는 점이다. 일본보다 훨씬 더 빠른 속도로 생산연령인구가 감소하고 있어 앞으로 경제 활력이 눈에 띄게 약화될 것은 불을 보듯 빤한 일이다. 게다가 소재·부품 등 다양한 분야에서 산업 경쟁력을 갖고 있는 일본과 달리 우리나라는 소수의 대기업에만 의존하고 있기에 산업구조가 일본보다 훨씬 취약하다.

일본은 물가가 하락하는 디플레이션과 함께 집값이 추락했다. 우리나라 역시 더는 과거와 같은 인플레이션 시대로 회귀할 가능성이 크지 않다. 대체로 생산연령인구 비중 감소, 인구 고령화와 성장률 감소 같은 현상이 나타나면 물가도 동반 하락했기 때문에 이제 디플레이션 압력에 시달릴 가능성이 있다. 다만 일본만큼 디플레이션 압력이 강할 것으로 보이지는 않는다. 안전자산으로 통하는 일본의 엔화는 경제 불안이 시작되면 가치가 급등하지만 원화 가치는 적어도 아직까지 불황이나 위기가 왔을 때 하락하는 경향을 보여 수입 물가가 올라 디플레이션 압력을 상당 부분 상쇄할 수 있기 때문이다.

일본과 같은 부동산 가격 대폭락이 없을 것이라는 전망을 과거와 같은 부동산 불패의 의미로 받아들여서는 안 된다. 우리나라의 전반적인 경제 상황이 1990년대 일본과 크게 다르지 않기 때문에 오랜 기간 서서히 부동산 가격이 하향곡선을 그리는 일본의 1990년대식 장기 침체를 겪을 가능성을 배제하기 어렵다.

2020년대 초반, 한국 부동산시장의 장기적인 향방이 결정될 이때 주택 구매에 보다 신중을 기해야 한다. 특히 집을 살 때는 반드시 자신이 벌어서 갚을 수 있을 만큼만 대출을 받는다. 만일 과도한 대출을 받아 집을 샀다가 자신의 예상과 달리 집값이 떨어지면 집을 팔 수도 유지할 수도 없는 난처한 상황에 처할 수 있다.

일본의 경우 주택 공급이 과도하게 줄어든 상황에서 경기가 되살아난 2010년대 이후에 집값이 반등한 것처럼 우리나라도 작은 반등은 일어날 수 있다. 하지만 앞으로 무조건 집을 사면 큰돈을 벌 수 있다는 생각은 매우 위험하다. 이 책에서 소개한 바와 같이 신규 주택 공급량과 경제 상황이 보내는 다양한 시그널을 종합적으로 고려해서 판단해야 한다.

3장

요동치는 증권시장,
도대체 어디에 투자해야 하나?

한국 주식,
장기투자는 끝났다

사람들은 주식을 사서 오랫동안 묻어두면 언젠가는 주가가 오를 것이라고 믿는다. 주가지수만 따라가도 시간이 지나면 언젠가는 이득을 볼 것이라고 생각하기 때문이다. 이는 큰 착각이다. 미국이나 우리나라를 제외하면 대부분 선진국에서 지난 20년 동안 장기투자 전략이 늘 이득을 가져왔다고 보기는 어렵다.

미국의 다우지수는 1999년 1월 9,184에서 2019년 1월에는 23,058로 2배가 넘게 올랐다. 같은 기간 코스피는 565에서 2,050으로

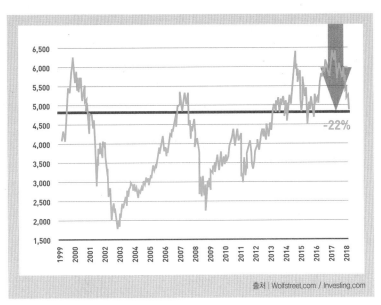

출처 | Wolfstreet.com / Investing.com

독일 DAXK지수(1999~2018)

3배가 넘게 급등했다. 미국이나 한국의 과거 데이터만 보면 주식에 돈을 묻어두는 것이 나쁘지 않은 투자처럼 보인다. 하지만 고개를 조금만 돌려 생산연령인구가 줄어들기 시작한 유럽의 선진국들을 보면 주가 상승을 멈춘 채 박스권에 갇혀 있는 경우가 적지 않다.

유럽 최고의 제조업 강국으로 불리는 독일도 마찬가지다. 독일의 DAXK지수[6]를 살펴보면 2018년 말 주가지수는 2000년 3월보다 무려 22%나 떨어졌고, 2007년보다는 10% 가까이 하락했다. 만일 2000년 초반 DAXK지수에 연동된 펀드에 장기투자를 시작했다면 주가 하락으로 정말 오랜 기간 큰 고통을 겪었을 뿐만 아니라 지금까지 원금조차 회복하지 못했을 것이다.[7]

독일의 경우 1차적으로 1990년대 생산연령인구 비중이 줄기 시작하다가 2000년대 들어 급격히 감소했다. 이 시기에 주가가 4분의 1 토막이 났다. 처음 생산연령인구 비중이 급격히 줄어드는 시기에는 주가가 폭락했다가 오히려 감소 추세가 정착되면 주가가 안정되는 모습을 보였다.

독일은 그나마 나은 편이다. 프랑스 CAC40지수를 기준으로 보면 2019년 1월 주가는 2000년 9월보다 무려 31%나 하락했다. 만일 2000년에 프랑스 지수에 투자를 했다면 지난 20년 동안 단 한 번도 원금조차 회복한 적이 없었던 셈이다. 2008년 버블기나 2018년 호황기에도 시간이 갈수록 고점까지 낮아지고 있어서 앞으로는 원금을 회복하기가 더욱 쉽지 않아 보인다.

최근에는 일본 경제가 호황이라는 얘기를 듣기 때문에 일본은 다를 것이라고 착각하는 사람들이 있다. 하지만 일본은 독일이나 프랑스보다 훨씬 심각하다. 일본은 1990년대 생산연령인구 감소와 함께 니케이지수가 폭락한 이후 15년 동안 지속적인 하락세를 보이면서 한때 니케이지수가 5분의 1토막 수준까지 떨어졌다. 그러다 아베노믹스로 2014년 이후 일본 주가가 회복세를 보였지만 이제야 1989년

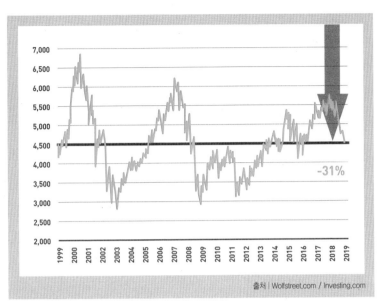

프랑스 CAC40지수

니케이지수의 절반을 회복했을 뿐이다.

아베노믹스가 무슨 마술이라도 되는 것처럼 생각하는 사람들도 있지만 사실 그 실체는 결국 돈을 풀어 경기를 부양하는 정책으로 결코 새롭지 않다. 일본이 과거 장기불황을 겪던 지난 20여 년 동안 반복적으로 적용해왔던 정책일 뿐이다.

아베노믹스가 그나마 효과를 낸 진짜 이유는 아베 총리가 지난 정부에 비해 더 적극적으로 밀어붙였던 엔저 정책 덕분이라고 할 수 있

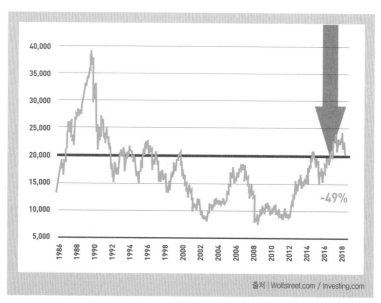

-49%

출처 | Wolfstreet.com / Investing.com

일본 니케이225지수

다. 과거 일본 정부도 엔화 가치를 끌어내려 수출을 활성화하려는 시도를 했지만 아베 총리처럼 이렇게 오랫동안 확실하게 엔저 정책을 밀어붙인 정부는 드물었다.

세계 경기가 둔화 국면으로 접어드는 상황이지만 일본이 자국만 유리한 엔저 정책을 계속 밀어붙이는 데는 한계가 있을 수밖에 없다. 세계 경제가 불안해질수록 엔화의 가치는 올라가는 경향이 있기 때문에 경기 불안 신호가 시작되면 가장 먼저 엔화 가치부터 급등할 가

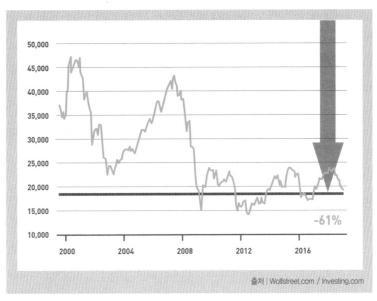

이탈리아 FTSE MIB지수

능성이 크다. 그러면 엔저에 의존해온 아베노믹스 역시 큰 위협을 받
게 될 것이다.

　일본보다 더 지리멸렬한 성적을 낸 나라는 이탈리아다. 이탈리아
의 주가지수는 생산연령인구가 급감하던 2000년 초반부터 급락해
3분의 1토막 수준까지 폭락했다가 아직까지도 그 최고치의 절반도
회복하지 못하고 있다. 유로화에 묶여 있는 이탈리아는 일본과 달리
경기를 살리기 위한 자국 통화 평가절하 정책이나 적극적인 재정·통

화 정책을 쓸 수 없다는 큰 약점을 갖고 있기 때문이다.

그나마 이탈리아가 쓸 수 있는 자구책은 재정 정책이다. 이탈리아는 2019년부터 자국 경기를 살리기 위한 적극적인 재정 정책을 확대하려고 했지만 유럽연합의 압력에 밀려 재정적자 확대를 통한 경기부양책마저 포기하고 말았다. 일단은 이탈리아가 물러섰지만 유럽연합의 압력이 계속될 경우 경기 부양을 둘러싸고 이탈리아의 유럽연합 탈퇴, 즉 이탈렉시트Italexit가 또다시 대두되면서 유럽 전체가 혼란에 빠질 수도 있다.

주가지수가 20년 넘게 정체된 나라들의 가장 큰 공통점은 출산율하락의 여파로 생산연령인구가 감소하면서 경제가 활력을 잃어버렸다는 점이다. 또 선진국으로 진입하면서 성장률이 크게 둔화됐다.

우리나라 주가지수는 과연 독일이나 프랑스, 일본, 이탈리아와 달리 미국처럼 지속적으로 상승할 수 있을까? 선진국에 진입한 뒤에도 주가가 지속적으로 상승했던 미국은 극히 예외적인 경우다. 우리나라는 일본이나 다른 유럽의 선진국처럼 오랫동안 주가가 정체되거나 하락할 가능성을 염두에 두어야 한다.

일부 언론은 우리 코스피와 미국 주가를 비교하면서 전 세계 주가가 폭등하는데 우리나라만 주가가 박스권에 갇혀 있다고 얘기한다. 이는 세계를 곧 미국이라고 보는 지극히 한국적인 시각에서 비롯된 오류다. 오히려 지난 20년을 돌이켜 볼 때 우리나라야말로 주가지수

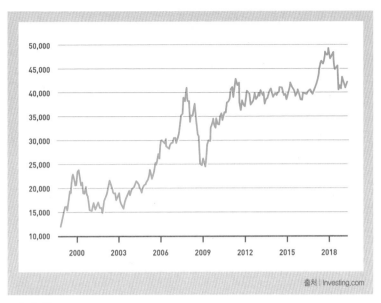

코스피지수

가 가장 크게 오른 나라에 속한다.

　위 그래프에서 확인할 수 있는 것처럼 일본이나 이탈리아, 프랑스는 물론 제조업 강국이라는 독일의 주가조차 박스권에 갇혀 있던 지난 20년 동안 우리 코스피는 지속적인 상승세를 보여왔다. 선진국에 가까운 제도적 안정성과 자본시장의 개방성을 가진 나라에서 지난 20년간 이렇게 높은 상승률을 보인 경우는 매우 드물다. 이 때문에 우리나라 주식시장은 외국인 투자 비중이 무려 37%가 넘을 정도로 해외 투자자들에게 인기 있는 투자처였다.

우리는 흔히 우리가 이룬 것을 과소평가하는 경향이 있다. 사실 인구규모가 우리나라처럼 5천만이 넘는 나라 가운데 제2차 세계대전 이후 후진국에서 출발해 1인당 국민소득이 3만 달러를 돌파한 나라는 한국이 유일무이하다. 이 같은 놀라운 성장이 지속적인 주가 상승의 핵심적인 역할을 해왔다.

하지만 우리나라가 미국처럼 세계 시장을 주도하는 나라가 되지 못하는 한 이런 상승세가 앞으로도 계속될 가능성은 크지 않다. 1인당 국민소득이 3만 달러를 돌파한 나라 대부분이 연평균 1% 안팎의 경제 성장률을 보이면서 저성장의 늪에 빠진 것처럼 앞으로는 성장률이 둔화될 수밖에 없다. 우리나라는 중국과 함께 전 세계에서 가장 빠른 속도로 생산연령인구가 감소하고 있어 더는 과거와 같이 지속 성장하는 경제구조를 유지하기는 어렵다.

2010년부터 박스권에 갇혀 있던 코스피가 2018년에 2,600선을 넘어설 정도로 놀라운 상승세를 보인 이유는 반도체의 슈퍼 호황이라는 일시적인 현상에 기인한 것이다. 앞으로 남북 경제협력이나 반도체 특수 등 특별한 호재가 없는 한 우리나라 주가지수는 다시 박스권에 갇힐 가능성이 크다. 2018년부터 생산연령인구마저 줄어들기 시작한 만큼 우리나라보다 앞서 생산연령인구 비중이 감소했던 유럽의 선진국이나 일본처럼 주가가 크게 떨어질 가능성도 염두에 둬야 한다.

이제는 과거처럼 무작정 주식을 사서 묻어두는 바이 앤드 홀드Buy and Hold 전략이 능사가 아니다. 2020년 이후부터는 성장이 둔화되는 시대에 걸맞게 새로운 투자 전략으로 바꾸어야 한다. 그렇다면 앞으로 어떻게 주식 투자를 해야 할까?

주식 투자, 전략이 달라져야 한다

앞서 살펴본 것처럼 우리나라보다 경제 발전 단계나 고령화 속도가 20년 이상 빠른 일본과 이탈리아, 그리고 독일이나 프랑스 같은 나라들을 볼 때 우리나라 주식시장이 과거와 같은 대세 상승장에 다시 들어갈 가능성은 그리 크지 않다.

하지만 고령화의 충격이 찾아온 국가라도 경제구조가 고령화에 적응하기 시작하면 주가가 다시 반등을 시작했다. 일본의 경우 생산 연령인구 비중이 줄어든 시기를 전후해 주가가 폭락했지만 다시 반등해 최저점 대비 주가는 10년 만에 3배 정도 상승했고, 이탈리아는 폭락 이후 5년여 만에 최저점 대비 2배 상승했다. 따라서 고령화의 충격이 정점에 이르렀을 때 투자를 시작하는 것도 하나의 방법이다.

또 다른 투자 전략은 해외 투자에 나서는 것이다. 사실 일본에서 저수익 시대가 시작된 이후 국내에서 투자 대상을 찾지 못한 일본 투자자들은 해외 투자 비중을 크게 늘려왔다. 글로벌 경제 위기만 시작되면 엔화 가치가 오르는 이유 중에 하나는 일본 투자자들이 해외에 투자해두었던 자금을 회수하면서 엔화를 사려는 수요가 늘어나기 때문이다.

현재 해외에 주식을 투자할 만한 나라는 크게 선진국과 개발도상국가로 나눌 수 있다. 그런데 앞서 본 것처럼 이미 저출산·고령화가 시작된 선진국에 대한 투자는 우리나라와 차별화된 높은 수익률을 올리기가 쉽지 않다. 이 때문에 선진국 중에서는 장기적으로 미국이 투자 매력이 큰 편이다. 그렇다면 미국은 왜 다른 선진국과는 다른 것일까?

첫째, 미국도 생산연령인구가 줄고는 있지만 그 속도가 매우 완만하며 워낙 이민자가 많기 때문에 그 효과를 충분히 상쇄할 수 있다. 이민자 중에는 과학Science, 기술Technology, 공학Engineering, 수학Math을 뜻하는 STEM인재가 다수 포함되어 있어서 미국의 생산성을 끊임없이 자극하고 끌어올리는 역할을 한다.

둘째, 미국이 여전히 기술을 선도하면서 세계 표준을 장악하고 있기 때문이다. 최근 들어서는 공장이 완전히 자동화되면서 기업들이 미국으로 돌아가는 리쇼어링Reshoring[8] 현상까지 나타나고 있다. 그 결과 미국은 기술과 제조를 모두 도맡아 할 수 있는 나라로 거듭나고 있다.

셋째, 미국이 달러의 기축통화 지위를 더욱 효과적으로 활용하고 있다는 점이다. 달러가 기축통화의 지위를 갖게 된 지 벌써 70년이 넘어가면서 미국은 달러화의 기축통화 지위를 활용해 정교한 금융통화 정책으로 다른 나라의 부를 끌어들여 자국의 부로 바꾸는 기법을 계속 발전시키고 있다.

다만, 지금이 미국에 투자할 적기라고 보기는 어렵다. 아무리 미국이 첨단산업을 이끌고 있다고 해도 영원히 호황을 누릴 수는 없다. 이미 10년에 이르는 초호황을 겪어온 만큼 큰 폭의 조정이 불가피한 상황이다. 지금 미국에 투자했다가는 언제 조정이 올지 모르는 불안에 시달릴 수 있다.

트럼프 대통령이 자신의 임기 동안에 경기를 부양하기 위해 단기적 경기 부양책을 쏟아부은 것도 중대한 리스크 가운데 하나다. 경기가 호황이었던 2017년부터 2018년까지 온갖 부양책을 쓴 덕분에 주가가 천정부지로 올랐지만 그 정책적 효과가 줄어드는 2020년대 초반에는 오히려 역풍으로 작용할 것이다.

물론 미국은 장기적으로 가장 매력적인 시장이다. 미국이 스스로 자신의 강점을 버리는 우를 범하지 않는 한 비록 큰 폭의 조정이 오더라도 그 이후에 다시 주가가 탄력성 있게 뛰어오를 가능성이 높다. 만일 2020년대 초반에 미국 시장에 조정이 시작된다면 미국에 대한 투자를 적극적으로 검토해볼 필요가 있다.

미국과 함께 성장 가능성이 높은 신흥국도 투자 대상으로 고려해 볼 수 있다. 특히 신흥국 중에서는 평균 연령이 낮은, 젊은 나라 중에서 인적자본에 대한 투자가 시작되고 최근 해외 자본의 관심을 받기 시작한 나라에 투자하는 것이 유리하다. 대표적인 나라로 인도, 베트남, 인도네시아 등을 꼽을 수 있다.

이런 나라에 투자할 때 가장 큰 위험요소는 환율과 정치적 안정성이다. 신흥국의 경우에는 경제가 한창 잘나가더라도 정치 불안으로 인해 경제가 악화되고 주가가 폭락하는 일이 많다. 또한 주가가 아무리 올라도 통화 가치가 떨어지면 오히려 손해를 볼 수 있다. 그 대표적인 사례가 최근 인도의 주가다. 인도는 젊은 인구가 많고 놀라운 경제 성장이 지속되는 신흥국답게 주가지수가 끊임없이 상승해 2009년에서 2018년까지 142%나 올랐다. 만일 2008년 말에 인도의 주가지수에 투자했다고 치자. 단 10년 만에 142%라는 놀라운 수익률을 누릴 수 있었을까?

이런 수익률을 온전히 가져오는 것은 불가능하다. 인도 루피화에 대한 원화 환율이 2008년 1루피에 29원에서 2018년 말에는 16원으로 거의 반 토막 가까이 추락했기 때문이다. 이 때문에 10년 동안 142%란 놀라운 수익률을 원화로 환전하면 33%로 낮아진다. 같은 기간에 우리나라 주가에 투자한 것보다도 못한 수준이 되는 셈이다.

물론 환위험을 피하기 위해 환 헤지Hedge 상품에 투자할 수도 있다. 하지만 인도처럼 변동성이 높은 통화를 헤지할 경우에는 그 비용이 너무 커서 오히려 더 큰 손해를 불러올 수 있다. 이 때문에 신흥국에 투자할 때에는 그 나라의 환율 변화 가능성을 예의 주시해야 한다.

베트남도 최근 인기 있는 투자처로 떠오르지만 과거 베트남에 투자했던 사람들은 동VND, Vietnamese đồng화 가치가 끝없이 떨어져 큰 피해를 입어야 했다. 달러에 대한 동화 환율은 1986년 1달러에 23동에서 2018년에는 2만 3천 동으로 극적인 변화를 겪었다. 달러 대비 동화 가치가 32년 만에 1000분의 1로 떨어진 것이다. 이처럼 베트남 동화 가치가 빠르게 추락한 탓에 과거 베트남에 투자했다가 큰 손해를 본 투자자가 한둘이 아니다.

2006년 당시 베트남 주가가 폭등을 시작하자 수많은 투자자들이 열을 올리며 베트남 펀드에 가입했다. 마치 한강의 기적처럼 베트남 주가가 끝없이 고공행진을 할 것이라고 굳게 믿었다. 하지만 이듬해 글로벌 금융위기로 주가가 하락하면서 베트남 동화 가치가 폭락했다. 우리나라 원화 가치는 위기가 끝남과 동시에 곧바로 회복됐지만 고율의 인플레이션에 시달리던 베트남 동화는 그렇지 못했다. 주가 하락과 통화 가치 하락의 이중 폭탄을 맞으면서 투자한 원금의 5분의 1토막만 간신히 건진 경우까지 있었다.

우리가 해외 투자를 할 때 흔히 그 나라의 성장 가능성만 보고 투자를 결정할 때가 있다. 하지만 성장 가능성이 높은 개발도상국은 돈을 마구 찍어내서 물가 상승을 유도하고 자국 통화 가치를 인위적으로 끌어내려 수출 경쟁력을 확보하려 하기 때문에 결코 만만한 투자 대상이 아니다. 어떤 나라의 물가 상승률이 지나치게 높을 경우 통화 가치가 폭락할 수 있다는 뜻이다. 이런 나라에서는 아무리 주가가 올라도 그 나라 통화 가치가 하락하면 오히려 손해를 볼 수 있다. 개발도상국에 투자할 때는 반드시 그 나라의 물가 상승률부터 철저히 확인한다.

채권에 투자할
단 한 번의 기회가 다가온다

우리나라에서 채권은 개인 투자자들에게 인기 없는 투자 대상이었다. 주식이나 부동산의 짜릿한 상승률에 비해 금리는 보잘것없어 보였기 때문이다. 하지만 우리의 편견과 달리 채권이 주는 안정적인 복리 효과는 매우 강력하다. 과거 투자 수익률을 비교해보면 채권 수익률이 결코 무시할 수 없는 수준이라는 것을 알 수 있다.

금융투자협회가 국내 투자자산별 누적 수익률을 비교한 결과,[9] 1983년부터 30년 동안 가장 높은 수익률을 기록한 투자자산은 주식이었다. 그리고 2위는 채권, 3위는 예금이었다. 부동산 투자 수익률

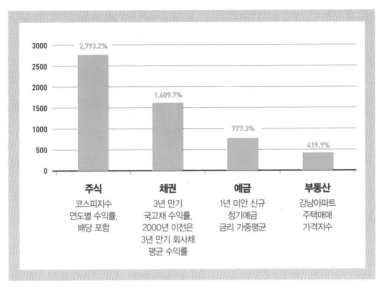

국내 투자자산별 누적 수익률 비교(1983∼2012)

은 강남 아파트에 투자했다고 해도 주식 투자 수익률의 8분의 1수준
인 420%에 불과했다.

지금의 저금리 상황만 보면 예금 수익률이 이렇게 높은 것이 의외
라고 생각할 수 있다. 이렇게 예금 수익률이 높았던 이유는 과거 집값
이 치솟아 오르던 당시 은행 예금 금리도 상상을 초월할 정도로 높았
기 때문이다. 1980년 1년 만기 정기예금 금리는 연 24%로, 3년만 은
행에 맡겨도 원금의 2배로 불어났다. 당시 5년 만기 재형저축 금리는
무려 연리 36.5%였고 이자에 대한 세금도 없었다. 연리 36.5%는 5년

만 예금하면 원금의 5배가 되고, 10년을 예금하면 35배가 될 정도로 높은 금리다.

부동산 불패에 대한 우리의 믿음과 달리 부동산 수익률이 생각보다 저조한 것이 의아할지도 모른다. 우리나라에서 부를 축적한 사람 중에는 은행 예금보다 부동산을 활용한 사람이 훨씬 많기 때문이다. 부동산 투자의 고수익 비결은 집값 상승률이 주가 상승률이나 채권 수익률보다 더 높았기 때문이 아니라 전세를 끼고 사는 레버리지 투자 덕분이었다. 전세를 끼고 부동산을 살 경우 전세가율이 집값의 70%라고 가정하면 1983년 이후 30년 동안 부동산 투자 수익률은 1,000%까지 뛰어오른다. 또 집은 주식과 달리 환금성이 떨어지는데다가 거래비용도 커서 한 번 사면 좀처럼 팔지 않으므로 자연스럽게 장기투자를 하는 경우가 많아 부를 축적하는 데 더 유리했다.

앞으로 저성장·저수익 기조가 고착화되면 일본처럼 채권 수익률은 물론 주식이나 부동산 투자 수익률도 과거보다 훨씬 낮아지게 될 것이다. 채권 수익률이 낮아진다는 것은 채권 가격이 올라간다는 뜻이다. 따라서 저금리 기조가 정착되기 직전 채권에 투자하면 수익률을 극대화할 수 있다.

채권 수익률이 떨어지면 채권 가격이 오른다는 것이 잘 이해되지 않을 수도 있다. 중요한 개념인 만큼 최대한 단순화해서 설명해보고자 한다. 일반적으로 채권에는 만기가 됐을 때 채권을 발행한 사람이 지급해야 할 금액이 적혀 있다. 만기가 1년 남은 채권에 표시된 금액이 11,000원이라고 가정해보자. 이때 시장금리가 연리 10%라면 이 채권은 10,000원에 거래가 될 것이다. 그런데 금리가 연리 5%로 떨어지면 시장에서 거래되는 채권 가격은 10,476원으로 오르게 된다.

이 관계에 대해 좀 더 관심을 가질 독자들은 아래의 수식을 참고하면 된다. 아래 수식은 채권 수익률과 채권 가격의 관계를 나타낸 수식이다. 분모에 있는 채권 수익률이 내려가면 채권 가격이 올라가게 되고, 반대로 채권 수익률이 올라가면 채권 가격은 내려가게 된다. 또한 채권의 만기 기간이 길면 채권 수익률이 조금만 변해도 채권 가격이 큰 폭으로 변동한다.

$$채권\ 가격 = \frac{액면\ 가격}{(1+채권\ 수익률)^{기간}}$$

이처럼 금리가 떨어지면 채권 가격이 올라가기 때문에 저금리 시대로 전환되기 직전에 채권을 사두면 나중에 금리가 낮아졌을 때 상당한 시세차익을 누릴 수 있다. 일본에서 고령화가 시작된 이후 금리가 계속 낮아진 것처럼 우리나라도 장기적으로 보면 결국 금리가 낮아지는 시점이 올 수밖에 없다. 이 때문에 저금리 시대로 전환되는 시점에서 채권에 투자하면 높은 수익을 올릴 수 있는 기회가 찾아온다.

채권에 투자하려면 증권사 창구에서 직접 채권을 사는 것도 한 방법이다. 하지만 직접 채권을 구매하는 것이 부담된다면 채권형 펀드나 국채 ETF상장지수펀드에 투자할 수도 있다. 증권사를 통해 거래할 수 있는 'KODEX 국고채 10년'이나 'KBSTAR 국고채 3년' 같은 ETF가 대표적인 상품이다.

해외 채권도 투자 대상으로 고려해볼 수 있다. 증권사를 통해 미국 국채 펀드에 투자하거나 미국채 선물 ETF를 사도 된다. 또한 미국 시장에서 직접 'iShares 20＋Year Treasury Bond ETFTLT' 같은 미국 국채 ETF를 살 수도 있다. 미국 시장에 직접 투자할 경우는 유동성이 높아 사고팔기가 용이하다. 또한 물가지수 연동 국채 등 다양한 상품이 있어 원하는 투자 대상을 찾기도 쉽다.

우리나라의 채권 금리는 이미 2018년에 꺾이기 시작했기 때문에 약간 늦은 감이 있다. 미국 국채 금리는 2018년 말에 1차적으로 꺾이기는 했지만 아직 본격적인 금리 하락이 시작된 것은 아니다. 투자 기회가 조금은 더 남아 있다. 게다가 원·달러 환율까지 오른다면 환차익도 누릴 수 있을 것이다.

신흥국 국채 투자도 고려 대상이 될 수 있다. 신흥국 국채 금리는 대체로 선진국보다 훨씬 높아서 수익률 면에서 유리하다. 신흥국 국채 투자는 환율 변화에 민감하여 신흥국 주식 투자처럼 매우 신중하게 접근해야 하지만 그 환율의 변화가 위험 요인인 동시에 오히려 더 큰 투자 기회를 줄 수도 있다. 신흥국 투자를 무조건 피할 이유는 없다.

글로벌 경기 둔화가 시작될 경우 신흥국 통화 가치가 가장 민감하게 반응하며 크게 하락할 수 있다. 이 경우 신흥국 통화 가치가 충분히 하락할 때까지 기다렸다가 글로벌 경기 회복세를 나타내는 신호와 동시에 투자를 시작한다면 높은 채권 수익률과 함께 환차익까지 누릴 수 있다. 앞으로 세계적인 경기 불황이나 위기의 신호가 나타난다면 신흥국 국채 투자에도 더욱 관심을 갖고 지켜볼 필요가 있다.

4차 산업혁명은
아직 오지 않았다

생산성을 높이지 못하는
혁신은 혁신이 아니다

끊임없이 신기술이 등장하기 때문에 우리는 생산성 향상 속도가 가속화되고 있다고 지레짐작한다. 끝없이 쏟아져 나오는 신기술이 과거에 비해 우리의 삶을 이전보다 훨씬 더 빠른 속도로 바꾸고 있다고 쉽게 단정한다. 그러나 우리의 선입견과 달리 혁신에 따른 생산성 향상 속도는 오히려 더뎌지고 있다.

2012년 8월 미국 노스웨스턴대학교 교수 로버트 고든Robert Gordon은 「미국의 경제 성장은 끝났는가」라는 논문을 발표해 숱한 논란을 불러일으켰다.[10] 고든 교수는 인터넷 혁명이 신화에 불과한 것이라며 앞으로 그 효과가 더욱 미약해지면서 세계 경제가 저성장의 늪에 빠질 것이라고 주장했다.

고든 교수는 대표적인 증거로 날이 갈수록 하락하는 미국의 경제 성장률을 제시했다. 미국의 1인당 GDP를 분석한 결과 미국의 연평균 성장률은 전기와 자동차가 보편화되기 시작한 1900년을 전후로 급격히 상승했고 1950년에 1인당 GDP 증가율이 연 2.5%로 정점을 찍은 다음 1970년대 이후부터 꾸준히 하락해 지금까지 하락 추세가 계속되고 있다.

지난 100년 동안 근로자의 업무 능력이나 기술력 등 모든 생산성을 포괄하는 총요소생산성[11]이 어떻게 변해왔는지를 살펴보면 그 변화가 더욱 극적이다. 1940년대 총요소생산성은 연평균 3.4%나 상승하면서 1890년 이후 124년 평균치인 1.1%의 3배가 넘게 증가했다. 하지만 1980년대 이후 연평균 총요소생산성은 평균에도 도달한 적이 없을 정도로 추락했다.[12]

미국의 더딘 생산성 증가율은 3D프린터와 인공지능, 드론, 자율주행차 등 최근 등장하고 있는 온갖 새롭고 신기한 기술혁명의 성과를 무색하게 만드는 수치다. 도대체 왜 지금처럼 신기술이 끊임없이 등장하는 기술혁명 시대의 생산성 향상 폭이 20세기 중반보다도 못한 것일까?

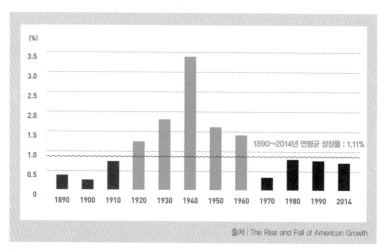

총요소생산성의 연평균 상승률

1920년대부터 1960년대까지는 우리 삶의 모습을 근본적으로 바꿀 정도로 생활에 밀접하게 파고든 편리한 제품이 한꺼번에 쏟아져 나오면서 빠르게 보급되던 시기였다. 앞서 얘기한 세탁기는 물론 상수도, 중앙난방, 수세식 화장실, 냉장고, 라디오 등이 마치 약속이나 한 듯 이 시기에 집중적으로 보급됐다.

그런데 이 같은 혁신적인 제품들이 이미 80~90% 이상 보급되면서 보급률이 정체되기 시작한 1970년부터는 총요소생산성 증가율이 4분의 1토막 수준으로 떨어졌다. 결국 삶을 바꿀 정도의 혁신적인 제품이 대대적으로 등장하고 보급되는 시기가 끝나자 생산성 향상도 급격히 둔화된 것이다.

1980년대 이후 컴퓨터가 보급되기 시작했는데도 생산성 향상 속도가 둔화되자 노벨 경제학상 수장자인 MIT대학교 교수 로버트 솔로Robert Solow는 "컴퓨터 시대의 도래는 여기저기서 확인되지만 생산성 통계는 그렇지 못하다"라고 분석했다. 이처럼 컴퓨터의 보급에도 불구하고 생산성이 비례해서 증가하지 않거나 오히려 감소하는 현상을 '솔로 패러독스Solow paradox'라고 부른다.[13]

1990년대에는 클린턴 전 미국 대통령이 정보고속도로Information super highway를 추진하면서 전 세계 컴퓨터가 인터넷으로 연결되는 혁신이 일어났다. 그 결과 1990년 이후에는 생산성 향상이 다시 속도를 내기 시작했다고 설명하는 학자들도 있지만 여전히 20세기 중반에 비하면 비교가 되지 않게 낮은 수준이다.

고든의 연구는 생산성 저하와 저성장에 시달리던 세계 여러 나라에 큰 반향을 일으켰다. 《파이낸셜 타임스》 칼럼니스트 마틴 울프Martin Wolf는 고든의 논문을 현재 가장 많이 회자되는 논문으로 소개하면서 "지금 생활고를 겪는 선진국 국민들에게 앞으로도 상황이 좋아지지 않을 테니 저성장의 고통에 익숙해져야 한다는 비관적인 메시지를 던진 것"이라고 평가했다.[14]

고든이 비판한 미국 경제 상황은 사실 일본과 독일, 프랑스 등 세계 주요 다른 나라에 비하면 훨씬 나은 편이다. 일본과 독일 같은 제조업 강국조차 최근 10년 동안 평균 경제 성장률이 미국의 절반을 조금 넘는 정도에 불과했고 이탈리아 같은 나라는 아예 0% 안팎의 성장률을 보이고 있다.

생산성 향상 속도가 둔화되는 것은 전 세계적 현상이다. 일본과 독일, 프랑스 등 세계 주요 7개 나라, 즉 G7 국가들의 노동생산성 증가 속도는 1950년대와 1960년대 최고치를 기록한 이후 1990년대 정보통신혁명 때의 반짝 상승을 제외하면 지속적으로 둔화되고 있다.

그렇다면 왜 수많은 혁신이 쏟아져 나오는데도 생산성 향상 속도는 둔화되고 있는 것일까?

정보통신혁명보다 증기기관의 생산성이 더 높았던 이유

1 | 혁신을 통제하는 시그모이드 법칙

원생동물의 일종인 아메바는 2분법으로 증식을 한다. 한 마리의 아메바가 둘로 갈라져 각기 새로운 개체가 되는 것이다. 처음 한 마리가 두 마리로 늘어나고 이 두 마리가 각기 분열하면 네 마리가 된다. 이런 식으로 열 번째 분열을 하면 단 한 마리였던 아메바는 무려 1,024마리가 되고 스무 번째 분열을 하면 100만 마리가 넘는다.

다른 제약이 없다면 아메바가 무서운 속도로 늘어나 온 세상이 순식간에 아메바로 뒤덮이게 될 것이다. 하지만 자연계에서 그런 일은 일어나지 않는다. 아메바가 기하급수적으로 늘어나면 환경 등 각종 요인들이 아메바의 무한 증식을 억제하면서 개체 수가 일정한 수준에서 안정되기 때문이다.

이 같은 아메바의 개체 수 증식 과정을 그림으로 나타내면 S자가 비스듬하게 누워 있는 시그모이드[15] 곡선Sigmoid curve 형태로 나타난다. 초기에는 개체 수가 느리게 증가하지만 어느 순간이 되면 폭발적으로 늘어나는 '빠른 가속 단계'가 시작되고 일정 수준에 이르면 개체

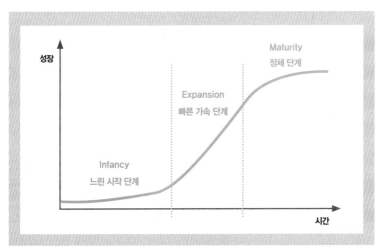

시그모이드 곡선

수가 더 이상 늘어나지 않는 '정체 단계'에 접어든다.

새로운 제품이 등장해 시장에 보급되는 과정도 시그모이드 곡선을 따르는 경우가 적지 않다. 대표적인 사례로 자동차의 보급 과정을 들 수 있다. 1900년부터 미국인들이 본격적으로 자동차를 사기 시작해 1914년까지 전체 미국 가정의 10%가 자동차를 소유하게 됐다. 이 시기를 자동차 보급의 '느린 시작 단계'라고 할 수 있다.[16] 미국인들이 자동차를 사는 속도가 일정하게 유지됐다면 미국 가정의 80%가 자동차를 보유하기까지 100년이 넘게 걸렸을 것이다. 1914년 자동차 보급률 10%를 기록한 이후 자동차 보유 가구가 기하급수적으로 늘어나는 빠른 가속 단계에 접어들면서 자동차 보급률이 80%로 높아질 때까지 걸린 기간은 고작 14년에 불과했다.

1930년이 넘어서면서 자동차 보급률이 더 이상 늘어나지 않는 정체 단계로 접어들었다. 당시로서는 첨단 상품인 자동차의 보급률 정체는 이듬해 1929년 세계 대공황의 중요한 원인 중 하나가 됐다.

이는 20세기 중반에 찾아왔던 대호황과도 연관되어 있다. 앞서 설명했던 세탁기, 상수도, 중앙난방, 수세식 화장실, 냉장고, 라디오의 보급이 대체로 1940년대부터 1960년대까지 '빠른 가속 단계'를 거치면서 급속히 보급됐고 이는 20세기 중반 대호황과 놀라운 생산성 증가의 주요한 기반이 됐다.

스마트폰의 보급과 확산도 시그모이드 곡선을 따라 움직였다고

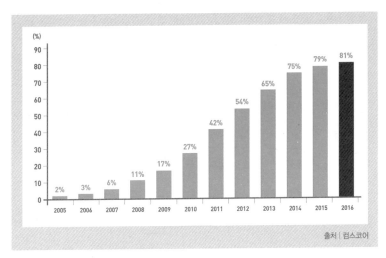

(%)

90
80
70
60
50
40
30
20
10
0

2% 3% 6% 11% 17% 27% 42% 54% 65% 75% 79% 81%

2005 2006 2007 2008 2009 2010 2011 2012 2013 2014 2015 2016

출처 | 컴스코어

모바일폰 시장의 스마트폰 보급률

할 수 있다. 스마트폰의 시초는 1992년 IBM이 개발한 사이먼Simon이었지만 시대를 너무 앞서간 탓에 금세 사라졌다. 스마트폰 대중화 시대를 여는 데 성공한 회사는 바로 1997년 처음으로 스마트폰을 출시한 노키아Nokia다.

노키아가 스마트폰을 출시한 이후 조금씩 확대되던 스마트폰 시장은 2007년 애플의 아이폰이 등장하면서 새로운 전기를 맞았다. 2008년 미국 시장에서의 보급률이 10%를 넘어섰고 그 뒤 빠른 가속 단계를 거치며 급속히 확산되어 2016년에는 스마트폰 보급률이 80%를 넘어섰다. 그 이후 스마트폰 시장은 정체되기 시작했다.

2018년에는 미국뿐만 아니라 세계 주요 국가에서 스마트폰 보급이 일제히 정체 상태로 접어들면서 관련 시장도 지속되던 성장을 멈추었고, 현재는 심지어 쪼그라들고 있다. 2018년 3분기에 전 세계 스마트폰 출하량은 3억 5천만 대에 그쳐 전년 대비 6%나 줄어들었다. 노키아의 첫 스마트폰이 등장한 이후 계속 확대되기만 했던 관련 시장에서 사상 초유의 축소 현상이 나타나고 있는 것이다.

중요한 점은 세계 경제를 이끌었던 혁신 제품이 급성장기에서 정체기로 전환되는 바로 그 순간, 세계 경제가 큰 충격을 받은 사례가 적지 않았다는 것이다. 1929년에 자동차와 철도 등 당시 혁신적인 산업이 과잉생산으로 포화 상태가 되면서 대공황이 오는 데 주요한 원인이 됐던 것처럼 2020년에는 스마트폰과 태블릿, PC, 소셜미디어 등 IT산업의 성장 정체가 세계 경제 성장에 큰 위협이 될 것이다.

이 같은 성장 정체는 메모리 반도체와 디스플레이 산업에 대한 의존도가 높은 우리나라에도 타격을 줄 수 있어서 향후 진행 과정을 예의 주시할 필요가 있다.

2 | 과거의 기술과 제도가 발목을 잡는다

2007년 8월에 발사된 우주왕복선 엔데버Endeavour호의 주 연료탱크 양옆에는 2개의 고체 연료 로켓부스터가 달려 있었다. 당시 우주왕복선의 설계자들은 로켓부스터를 더 크게 만들고 싶었다. 하지만 이들을 막아선 것은 뜻밖에도 2천 년 전 로마시대의 마차 폭이었다. 로마시대의 마차 폭이 어째서 우주왕복선의 보조 로켓 크기까지 제약하게 된 것일까?

로마시대의 마차는 두 마리의 말이 끌었기 때문에 말 두 마리에 맞추어 마차 바퀴 폭을 143.5cm로 정했다. 로마인들은 영국을 정복한 뒤 자신들의 규격화된 마차에 맞추어 영국에 길을 닦았다. 로마가 멸망한 이후에도 영국인들은 로마인들이 정해놓은 폭에 맞추어 마차를 제작하거나 도로를 놓았다.

영국 최초의 기차는 1800년대 초반 광석 운반용으로 사용되던 궤도 마차에 증기기관을 얹은 것이었기 때문에 기차의 바퀴 폭도 자연스럽게 143.5cm로 결정됐다. 철도가 미국으로 건너온 이후 수많은 철도회사들이 난립하는 바람에 철로 규격이 들쭉날쭉했지만 철도회사들이 인수합병을 거듭하면서 결국 영국 철도 규격인 143.5cm로 통일됐다. 우리가 지금 타고 다니는 기차나 지하철의 선로 폭은 놀랍게도 두 마리의 말 간격으로 결정된 로마시대 마차 폭에서 시작됐고 지금까지 2천 년 이상 이어지고 있는 셈이다.

이렇게 결정된 선로 폭이 결국엔 우주왕복선 고체 로켓부스터의 크기까지 결정하고 말았다. 미 항공우주국NASA은 유타주에서 제작한 로켓부스터를 4,000km나 떨어진 플로리다주까지 옮길 때 가장 안전한 기차를 이용하기로 했다. 그래서 로켓부스터를 설계할 때부터 기차로 실어 나를 수 있도록 크기를 기차 폭에 맞추어 제작했다. 지금이라도 기차의 선로 폭을 마음대로 바꿀 수 있다면 로켓부스터를 더 크게 설계할 수 있었을지 모른다. 하지만 현실은 2천 년 전에 결정된 마차 규격이 지금까지 영향을 미치면서 기술혁신의 제약조건이 되고 있다.

이처럼 하나의 선택이 일정한 경로를 만들고 여기에 의존하기 시작하면 나중에 그 경로가 비효율적이라는 사실을 알고도 벗어나지 못하는 현상을 '경로 의존성Path dependency'이라고 한다. 실제로 아무리 뛰어난 혁신이 등장해도 보급 초기 단계에 경로 의존성에 막혀 사라지는 경우가 적지 않다.

업무 방식, 금융 관행, 유통 시스템, 소비자들의 소비행태는 아무리 비효율적이라도 일단 경로가 고착화되면 나중에 훨씬 효율적인 새로운 혁신이 등장해도 쉽게 자리 잡지 못하고 사라진다. 기존의 기술이나 관행이 계속 쌓이면 쌓일수록 경로 의존성도 더 다양하고 복잡해지기 때문에 뛰어난 혁신을 몰아내거나 발목을 잡을 가능성이 더 커진다.

3 │ 여섯 번째 혁신의 물결은 아직 시작되지 않았다

아무리 뛰어난 기술이라도 결국은 기존 시스템의 한계에 부딪히게 되므로 또 다른 도약을 위해서는 패러다임을 바꾸는 새로운 혁신의 물결이 필요하다. 세계 경제는 지금까지 세 차례의 혁명을 겪었다고 분류하는 학자들도 있지만 불황과 호황을 겪었던 경기 순환 측면에서 보면 지금까지 다섯 차례에 걸쳐 거대한 파동을 경험했다.[17]

그 첫 번째 파동은 1760년대 영국에서 시작된 산업혁명이다. 수력에 기반을 둔 면방직·방적 기술로 시작된 산업혁명은 인류 역사에 전례가 없던 새로운 혁신의 시대를 열었다. 가내 수공업 형태로 생산하던 면제품을 공장에서 대량으로 만들기 시작하자 영국의 면제품 수출은 1750년 이후 단 50년 만에 무려 120배나 늘어났다.[18]

두 번째 파동은 산업혁명 이후 60년 정도가 흐른 1820년대에 시작됐다. 당시 증기기관과 철도가 널리 보급되면서 거대한 혁신의 파동을 불러일으켰다. 초기에는 철도에 대한 과도한 기대와 환상이 몇 차례 버블 붕괴를 일으키기도 했지만 1850년대를 지나면서 유럽과 미국 경제 성장을 이끄는 강력한 원동력으로 자리 잡았다. 특히 미국에서 대륙 횡단 철도가 완성된 1869년은 증기기관과 철도로 상징되는 두 번째 혁신의 파동이 정점을 찍은 해였다.

하지만 철도를 대체할 만한 새로운 혁신이 등장하지 않은 상황에서 호황으로 넘쳐난 돈이 온통 철도로만 몰려들었다. 동일한 지역을 2중, 3중으로 연결할 만큼 철도 공급이 과잉되었고, 경쟁이 치열해지면서 수익성이 나빠져 부실이 심화됐다. 마침내 1873년 9월 전 세계적 주가 하락을 신호탄으로 극심한 불황이 시작되면서 인류 역사상 처음으로 경제 공황이 일어났다.

공황에 빠진 세계 경제를 구한 것은 전기와 강철로 시작된 3차 파동이었다. 1881년 미국의 저명한 발명가인 토머스 에디슨이 뉴욕에 세계 최초의 상업발전소를 건설한 이후 전기가 빠른 속도로 보급되었다. 특히 공장 기계가 전기로 작동되면서 생산설비에 혁명적인 변화가 일어나 대량생산 시대의 서막을 열었다.

전기와 강철로 시작된 인류 최초의 대량생산체제는 결국 과잉생산과 버블을 불러왔다. 게다가 빈부격차가 확대된 탓에 대량으로 쏟아져 나오는 물건을 살 소비 기반이 충분하지 않았다. 이 같은 불균형은 결국 1929년 세계 대공황을 불러왔다. 대공황에서 벗어나기 위해 1930년대 세계 각국은 다양한 부양책을 퍼부었지만 1930년대 후반 다시 불황이 찾아오면서 결국 제2차 세계대전이라는 최악의 비극을 일으키는 단초가 됐다.

참담한 전쟁 이후 다시 경제를 회생시킨 4차 파동은 바로 석유에서 시작됐다. 석유가 이전 파동의 원동력이었던 전기나 대량생산체제 등과 결합하면서 인류는 또다시 놀라운 성장을 경험했다. 1970년대 들어서 4차 파동의 가장 큰 견인차였던 석유 값이 오일쇼크로 폭등하는 바람에 세계 경제는 극심한 침체기를 맞았다.

이처럼 산업혁명 이후 세계 경제는 대략 50~60년을 주기로 한, 거대한 흐름으로 호황과 불황을 반복했다. 이 같은 장기적 경기 순환을 처음 발견한 것은 구소련의 우파 경제학자 니콜라이 콘트라티에프 Nikolai Kondratiev였다. 그는 50~60년에 이르는 거대한 파동을 발견하였지만 그 파동의 명확한 이유는 제시하지 못했다.

콘트라티에프의 파동이론을 보고 큰 영감을 얻은 학자가 오스트리아의 경제학자 조지프 슘페터Joseph Schumpeter였다. 슘페터는 장기파동의 주기가 증기기관이나 철도, 전기 등 중요한 혁신과 겹친다는 사실을 발견하고 이를 바탕으로 기술혁신의 관점에서 경제 성장의 순환을 설명했다. 이로써 한때 묻힐 뻔했던 콘트라티에프 파동이론이 세계적으로 큰 주목을 받기 시작했다.[19]

우리 인류가 경험한 마지막 다섯 번째 파동은 1980년대 이후 큰 주목을 받으면서 화려하게 등장한 정보통신혁명이다. 하지만 정보통신혁명은 처음의 기대와 달리 획기적으로 생산성을 끌어올리지는 못했다.

인터넷 기술이 놀라운 혁신인 것은 분명하지만 과거에 비해 얼마나 생산성이 높아졌는가만 따지고 보자면 1844년 발명된 전보Telegram보다 낫다고 하기 어렵다. 전보가 등장하기 전까지는 유럽에서 미국으로 대서양을 가로질러 소식을 전달하려면 적어도 한 달이 걸렸다. 전보가 발명된 이후에는 무려 20~30분으로 줄었다. 전보의 등장은 정보의 전달 속도는 물론 삶의 모습까지 획기적으로 바꾸어놓았다.

인터넷은 분명히 혁명적인 기술이다. 덕분에 인류는 어디서든 정보를 검색하고 작업을 수행할 수 있게 됐다. 그러나 인터넷이 등장하기 전에 이미 팩스와 전화 등 다양한 기술이 존재했기 때문에 생산성 향상 폭만 따져보면 과거의 전보만큼 큰 변화를 일으키지는 못했다.

미국 캘리포니아 주립대학교 교수 손성원도 같은 평가를 했다. 증기기관과 방적기 등의 등장으로 시작된 산업혁명 당시 기술혁신은 세계 경제의 생산성을 크게 향상시킨 데 반해 최근 인터넷과 스마트폰을 통한 혁신은 생산 시간을 줄이기보다는 오히려 인터넷이나 스마트폰을 보면서 시간을 낭비하는 방향으로 이뤄졌다. 따라서 생산성 향상의 폭이 크지 않다고 말했다.[20]

시장에 이미 자리 잡고 있는 다양한 첨단기술들로 인해 웬만한 혁신으로는 이전에 비해 생산성을 획기적으로 끌어올리기가 쉽지 않다. 미약했던 다섯 번째 파동마저 꺾이면 새로운 파동이 시작될 때까지 세계적으로 생산성 향상 폭이 정체되고 성장률이 급격히 낮아지는 성장 정체 현상을 피하기 어렵다.

인류 역사가 계속되는 한 언젠가는 여섯 번째 파동이 새로운 성장 동력이 되는 날이 올 것이다. 하지만 당장 다섯 번째 파동이 미약해지고 있는 것은 심각한 문제다. 혁신의 파동이 미약해질 때마다 1873년 인류 최초의 공황이나 1929년 세계 대공황 그리고 1970년대 스태그플레이션 등 심각한 위기를 겪어야 했다. 그러므로 지금은 그 어느 때보다도 경제의 시그널에 주목하며 경제 동향을 면밀히 살펴보아야 할 때다.

4차 산업혁명은
아직 신기루다

2016년 3월 세기의 대결이 펼쳐졌다. 바둑계 최강자 중 하나인 이세돌 9단과 인공지능 알파고의 대결이 펼쳐진 것이다. 대결이 시작되기 전 대부분의 사람들은 이세돌 9단의 승리를 점쳤다. 하지만 알파고가 4 대 1의 대승을 거두었고 전 세계는 엄청난 충격에 휩싸였다. 인공지능과 로봇이 이끌어갈 4차 산업혁명에 대한 기대와 함께 언젠가 인공지능이 인간을 지배할 수도 있다는 두려움도 커졌다.

그러나 인공지능에 세계인들의 이목이 쏠렸던 것이 이때가 처음은 아니다. 이미 1997년 러시아의 체스 챔피언 게리 카스파로프Garry Kasparov와 당시 IBM의 슈퍼컴퓨터 딥 블루Deep blue가 대결을 펼쳐 큰 화제를 모은 적이 있었다. 당시에도 사람이 이길 것이라는 예상을 뒤엎고 컴퓨터가 대승을 거두었고, 인공지능에 대한 기대가 한껏 부풀어 올랐었다.

사실 인공지능에 대한 과도한 기대는 '인공지능Artificial Intelligence'이란 단어가 처음 등장한 1955년으로 거슬러 올라간다. 컴퓨터 과학 분야에서 한 시대를 이끌었던 존 매카시John McCarthy 박사가 28살의 젊은 나이에 「지능이 있는 기계를 만들기 위한 과학과 공학」이라는 논문에서 인공지능이라는 단어를 처음으로 사용했다. 이를 계기로 대중의 관심을 받게 되었으며, 이후 인공지능이 등장하는 영화들이 봇물처럼 쏟아졌다. 1968년 개봉된 〈2001: 스페이스 오디세이2001: A Space Odyssey〉가 대표적인 예다. 이 영화에 등장하는 인공지능 HAL9000은 지구에서 내린 명령을 따르기 위해 우주선에 타고 있는 승무원들을 모두 속여야 하는 상황에 내몰리자 승무원들을 모두 제거하려는 극단적인 선택을 한다. 이 영화에서 인간만큼 복잡한 생각을 할 수 있는 인공지능이 등장하는 시기는 2001년이었다. 이 영화뿐만 아니라 20세기 후반에 제작된 SF 영화들은 대체로 20~30년 뒤에는 '인간보다 더 인간적인' 인공지능이 등장할 것으로 그렸다. 하지만 지금의 인공지능 수준은 당시 기대에 훨씬 못 미치고 있다.

영화 제작자나 감독들이 너무나 성급했던 것일까? 그렇다고 보기는 어렵다. 오히려 컴퓨터 엔지니어나 시장 분석가들은 영화 제작자들보다도 인공지능에 대해 낙관적인 전망을 해왔다. 1955년 인공지능이란 단어가 처음 등장한 이후 당시 수많은 연구기관은 1970년경엔 사람처럼 생각하는 인공지능이 등장할 것으로 전망했다. 이에 따라 인공지능을 개발하기 위한 대대적인 투자가 이루어졌다. 그러나 야심차게 시작한 인공지능 프로젝트는 복잡한 문제를 해결하는 데 연달아 실패했다. 그리고 정작 1970년대가 되자 회의에 빠진 정부기관과 연구소들이 잇따라 인공지능 개발 계획이나 예산을 취소하거나 철회했다. 인공지능 개발의 첫 번째 암흑기가 도래한 것이다.

그러다 1980년대 신경망 연구와 일본의 5세대 컴퓨터가 등장하면서 다시 한번 인공지능에 대한 관심이 높아졌다. 하지만 인공지능의 유용성에 대한 회의가 커지고 하드웨어 비용이 폭증하면서 1990년대 초반에 또다시 인공지능 개발이 정체되는 두 번째 암흑기가 찾아왔다. 이세돌 9단과 알파고가 벌인 세기의 바둑대결 이전에 이미 인공지능에 대한 성급한 기대와 실망이 계속 반복되어온 것이다.

이와 관련해 미국의 비영리기구인 기계지능연구소MIRI가 흥미로운 사실을 발견했다. 인공지능과 관련된 연구기관들의 전망을 분석한 결과 지금까지 평균적으로 20년 안에 인공지능 시대의 도래를 예측한 것으로 나타났다. 왜 새로운 기술혁명은 약속이나 한 듯이 20년 뒤에 등장한다고 예측하는 것일까?

그 이유에 대해 모건스탠리의 루치르 샤르마는 20년 뒤에 정말 신기술혁명이 등장한다고 예측한 것이 아니라 20년 뒤에 신기술혁명이 등장한다고 전망해야 연구비 투자 지원을 최대한 유치할 수 있고 자신들의 보고서에 관심을 갖도록 할 수 있기 때문이라고 설명한다.[21] 새로운 혁명이 등장하는 시기를 20년보다 멀리 잡으면 사람들의 관심이 멀어져 투자를 받기가 어렵다. 또 반대로 너무 가깝게 잡았다가 예측이 틀리면 자신이 현직에 있을 때 책임을 져야 할 수 있다. 이 때문에 연구기관들은 예측 실패에 따른 책임은 최대한 피하고 연구개발비 지원은 극대화하기 위해 대체로 '20년 뒤'쯤으로 예측한다는 것이다.

그렇다면 수많은 연구기관의 바람대로 이번에는 과연 20년 안에 인공지능이 인류의 생산성을 비약적으로 향상시키는 시대가 올까? 과거에 비해 인공지능 시대에 그 어느 때보다도 가까워진 것은 분명하다. 하지만 20년 안에 인공지능 시대가 펼쳐질 것이라는 예측은 1955년부터 꾸준히 반복되어왔다는 점을 명심해야 한다.

우리는 지금 4차 산업혁명의 도래에 대한 기대감에 들떠 있다. 4차 산업혁명은 바로 앞에서 소개한 여섯 번째 파동과 같은 개념으로 볼 수 있다. 경제뿐만 아니라 사회구조의 변화까지 포괄해서 본다면 지금까지 세 차례의 산업혁명이 있었다고 볼 수 있지만 불황과 호황을 반복하는 거대한 경기 순환 측면에서는 다섯 번의 파동이 있었다고 분류할 수 있다.

그런데 아직 3차 산업혁명이 끝났는지도 분명하지 않은 시점에 벌써부터 4차 산업혁명이 도래할 것이라고 운운하는 것은 섣부른 예측이다. 1차 산업혁명 당시 1700년대를 살았던 영국인들이 산업혁명 과정에 있다는 것을 인지하지 못했던 것처럼 현재 시점에서 4차 산업혁명이 언제 새로운 경제 도약의 기폭제가 될지 미리 예측한다는 것은 사실상 불가능하다.

혁신적 기술은 아무도 예측하지 못한 상황에서 우연히 탄생하는 경우가 적지 않고 기술은 서로 영향을 주고받으며 발전하기 때문에 혁신의 등장과 발전 과정을 미리 예견한다는 것은 어려운 일이다. 경로 의존성 때문에 아무리 혁신적 기술이라도 사회적·제도적 제약으로 인해 사장되는 경우가 적지 않으므로 기술의 혁신성만 보고 성공을 예단할 수도 없다.

산업혁명은 한두 개의 기술개발로 촉발되는 것이 아니다. 수많은 기술이 서로 끝없이 피드백을 주고받으며 이끌어주어야만 가능한 일이다. 인공지능이나 3D프린터 같은 몇몇 기술이 등장했다고 해서 4차 산업혁명과 같은 거대한 변화가 이미 시작됐다고 속단하기는 이르다.

앞서 시그모이드 곡선을 통해 살펴본 것처럼 아무리 뛰어난 기술이 탄생해도 확산 과정까지는 시간이 필요하기 때문에 성급하게 미래를 확신해서는 안 된다. 정보통신혁명의 경우, 인터넷이 처음 개발된 것은 1969년이었지만 일반인들로 확산되어 세계 경제를 본격적으로 견인한 것은 무려 20년이나 흐른 1990년대였다.

4차 산업혁명을 과도하게 내세우는 것은 일종의 상술이나 마케팅에 불과하다는 비판을 피하기 어렵다. 인류의 역사가 계속되는 한 언젠가 반드시 이 책의 분류상 여섯 번째 파동에 해당하는 4차 산업혁명이 시작될 것이다. 하지만 벌써부터 4차 산업혁명의 도래를 과신하고 중요한 판단의 근거로 활용하는 것은 다소 위험해 보인다.

4차 산업혁명이 곧바로 시작되든 아니든, 적어도 과거의 파동이 끝나가는 지금의 상황에서는 거대한 변화가 불가피하다. 변화의 시기는 언제나 그렇듯 승자와 패자가 엇갈리는 대역전이 벌어진다. 이제 격변에 대응할 준비가 갖춰진 경제 주체만이 차세대를 이끌어갈 새로운 도약에 나서게 될 것이다.

5장

원화, 달러화, 엔화, 금…
무엇이 안전자산인가?

원화만 보유하는 것은
분산이 아니다

'달걀을 한 바구니에 담지 말라'는 격언이 있다. 하도 많이 들어서 이 제는 당연한 투자의 원칙처럼 들린다. 하지만 실제로 이 원칙에 맞게 분산 투자를 하는 사람은 그리 많지 않다. 돈이 된다고 생각하면 가진 돈을 한꺼번에 다 투자하는 경우가 적지 않은데다 사실상 분산이 아 닌데 분산해놓았다고 착각하는 경우도 많다.

예를 들어 오를 때 함께 오르고 떨어질 때 함께 떨어지는 주식 종 목들 여러 개에 돈을 나누어 투자해봤자 분산 투자의 효과를 볼 수 없다. 즉 삼성전자와 SK하이닉스 주식에 분산하여 투자했다고 해서 분산 투자가 아니다. 분산 투자의 효과를 제대로 보기 위해서는 전혀 상관관계가 없거나 음(−)의 상관관계를 가진 상품에 투자해야 한다.

이 같은 분산 투자 측면에서 현금은 어떻게 보유해야 할까? 2018년 이후 금융시장의 불확실성이 커지면서 현금 비중을 늘리라는 충고를 자주 듣는다. 그런데 현금을 원화만으로 보유하는 것은 '달걀을 한 바구니에 담는 것'이나 다름없으니 급변하는 경제 환경에 대한 적절한 대응이라고 보기 어렵다.

자산을 주식과 부동산, 현금으로 분산한다고 해도 따지고 보면 다 원화로 표시된 자산이기 때문에 원화 가치 자체가 흔들리는 상황이 오면 분산 투자의 효과는 떨어진다. 따라서 불안한 경제 상황에서 현금 비중을 늘릴 때는 다른 나라 통화도 분산 대상으로 고려한다.

현금을 분산할 때 고려해볼 수 있는 통화는 달러화와 엔화다. 물론 유로화도 분산의 대상이 될 수 있지만 유로화는 엔화와 상관관계가 높은 편인데다 유로화의 특성상 유로존의 복잡한 정치 상황에 좌우될 수도 있다. 게다가 이자도 없기 때문에 굳이 유로화까지 분산 투자 대상에 넣을 필요는 없다. 현금은 아니지만 현재의 경제 상황에서는 잠시 금을 편입해두는 것도 고려해볼 만하다.

달러로
위험을 분산하다

달러에 대한 원화 환율이 가장 극적으로 변화한 것은 외환위기 때였
다. 1990년대 1달러에 700원에서 800원대를 오르내리다가 1998년
외환위기 때는 2,000원에 육박할 정도로 폭등했다. 위기의 폭풍이 지
나간 이후에는 달러에 대한 원화 환율이 계속 내림세를 보였다. 특히

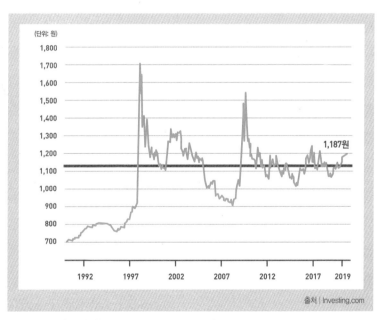

달러에 대한 원화 환율

미국 연준이 돈을 푼 여파로 인해 2006년 이후에는 환율이 900원대까지 떨어졌다.

그러나 2008년 글로벌 금융위기가 시작되자 달러에 대한 원화 환율은 1,500원대로 다시 치솟았다. 1998년 외환위기 이후 정확히 10년 만에 원화 환율이 뛰어오른 셈이다. 다만 그 상승폭이 외환위기 때보다는 낮았다. 그 뒤 미국이 천문학적인 양적완화와 초저금리를 장기간 유지하면서 달러에 대한 원화 환율이 다시 떨어졌지만 이번에는 1,000원대에서 강력한 저항선이 형성됐다.

이처럼 1,000원대에서 강력한 저항선이 생긴 이유는 우리나라의 경쟁력과 미래 비전이 그만큼 약화됐기 때문이다. 2015~2016년까지 우리나라 수출이 전례 없이 빠른 속도로 줄어들면서 환율도 자연스레 오름세로 돌아서 1,240원대까지 오르기도 했다. 수출로 먹고 살던 나라에서 수출마저 무너지자 환율이 오르기 시작한 것이다.

그런데 2017년에 깜짝 반전이 일어났다. 반도체 슈퍼사이클이 시작되면서 외화가 쏟아져 들어왔다. 또 반도체 특수를 노린 해외 투자자들이 국내 주식 매수를 대폭 늘리면서 해외 투자 자본까지 유입되어 달러에 대한 환율은 다시 1,050원대까지 하락했다.

그러나 최근에는 반도체의 최종 수요처라고 할 수 있는 미국의 대표적인 정보통신 기업인 팡FAANG: Facebook, Amazon, Apple, Netflix, Google 들의 실적 전망이 악화되고 있다. 설령 이들 기업의 수요가 악화되지 않는다고 해도 대만과 중국의 반도체 업체들이 무섭게 추격하고 있기 때문에 지금과 같은 수준의 호황을 계속 유지하기는 어렵다.

이미 2015년부터 반도체를 제외한 다른 수출 기업들의 경쟁력이 급속히 악화된 현상은 결코 일시적인 것이 아니다. 우리나라 수출 경쟁력의 현주소를 보여주는 장기적인 추세라고 할 수 있다. 만일 2015년과 같은 수출 감소 현상이 일어난다면 원화 약세 현상이 또다시 나타날 가능성을 배제할 수 없다.

주의해야 할 것은 중국발 경제 위기의 가능성이다. 중국은 개혁개방을 시작한 이후 무려 40년 동안 위기다운 위기 없이 끝없는 경제 성장을 거듭해왔다. 앞서 설명한 것처럼 이미 중국 경제에는 심각한 위험 시그널이 등장한 상태다. 만일 그 시그널 중에서 단 하나라도 문제가 발생한다면 중국 경제는 매우 큰 위험에 처할 것이다. 우리나라 수출의 4분의 1을 차지하는 중국에서 경제 위기가 시작될 경우 달러에 대한 원화 환율도 큰 폭의 조정을 받을 수 있다.

이러한 측면에서 현금 중의 일부를 달러화로 보유하는 것은 위험을 회피하는 한 방법이 될 수 있다. 2019년을 기준으로 볼 때 달러화 예금이 원화 예금보다 연리 0.5%포인트 가까이 금리가 높기 때문에 금리 면에서도 달러 예금이 유리하다. 다만 달러로 환전하고 원화로 재환전하는 과정에서 수수료가 발생하기 때문에 달러를 현찰로 찾으려는 목적이 아니라면 환전 수수료가 낮은 전신환 환율_{송금 보낼 때 적}

용되는 환율로 환전해 달러 예금을 하는 편이 유리하다.

달러로 위험을 분산하는 또 다른 방법은 미국 국채에 투자하는 것이다. 미국 국채는 현금만큼은 아니지만 매우 안전한 자산에 속한다. 게다가 미국 연준이 금리 인상을 마무리하고, 조만간 금리를 다시 인하할 가능성이 커지고 있다. 본격적인 금리 인하 기조가 시작되면 국채 가격 상승에 따른 이득도 노릴 수 있다. 금리가 낮아지면 국채 가격이 올라가기 때문이다.

이처럼 위험 회피를 위해 일정 비율 달러를 보유해둘 필요는 있지만 그렇다고 달러를 무조건 많이 보유하는 것이 정답은 아니다. 우리나라의 경우 수출이 줄어들었을 때 수입이 더 빨리 줄어드는 불황형 흑자가 나타날 수 있기 때문이다. 이때는 경상수지 흑자로 달러 유입량이 늘어나면서 달러에 대한 원화 환율이 하락할 수도 있다.

1990년대 초반 일본의 경우 수출이 급감했지만 극심한 경기 불황으로 수입이 더 빨리 줄어들면서 엔화가 초강세를 보였다. 다만 우리나라는 일본과 같은 부품·소재 산업에 경쟁력이 있는 것도 아니고 일본만큼 강소기업이 많지도 않아서 1990년대 일본과 같은 현상이 일어난다는 보장은 없다.

또 달러화는 미국의 금리 인상 기조로 인해 유로화나 엔화 같은 주요 통화와 비교할 때 상당히 고평가되어 있는 편이다. 이 때문에 금리 인상 기조가 끝나고 오히려 금리 인하가 시작되면 주요 통화 대비 달러화 가치가 다소 낮아질 수도 있다. 국제 주요 통화 대비 달러화 가치가 낮아지면 달러화보다 엔화나 금값이 더 크게 오를 수 있다는 점도 고려한다.

위기 때 달러보다
더 강해지는 엔화

우리는 흔히 미국의 달러화 가치가 조금도 흔들리지 않을 것이라고 착각하기 쉽지만 달러화 가치는 실제로 미국 경제가 최전성기를 누렸던 1960년대 이후 조금씩 하락하고 있다. 세계 6개 주요 통화 대비 달러화 가치를 뜻하는 달러 인덱스Dollar index[22]는 위기 때마다 치솟아 오르는 경향이 있지만 장기적으로는 조금씩 낮아지는 추세다.

그 이유는 세계 경제가 미국보다 더 빠르게 성장하면서 미국이 세계 경제에서 차지하는 비중이 조금씩 줄어드는 데 있다. 미국이 최근 들어 큰 호황을 보였지만 2018년 성장률조차 2.9%에 그쳤기 때문에, 3.7% 성장한 세계 경제 성장률에는 미치지 못했다. 결국 전례 없는 호황을 보였던 2018년에도 미국 경제가 세계에서 차지하는 비중은 줄어든 셈이다.

2008년 글로벌 금융위기 이후 달러 인덱스가 80을 오르내렸던 것

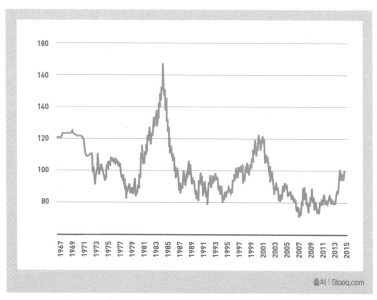

달러 인덱스(1967~2015)

을 고려할 때 2018년 말 96을 기록한 달러 인덱스는 IT버블 붕괴 이후 근래 들어 가장 높은 수준이다. 이처럼 달러 인덱스가 올라간 이유는 미국만 호황을 누리면서 미국 주식 투자가 급증한데다 연준이 기준금리까지 끌어올린 덕분에 막대한 자금이 미국으로 몰려들었기 때문이다.

하지만 이제 미국이 금리 인상을 중단하거나 도리어 금리를 인하하면 달러화 가치는 상승보다 하락할 가능성이 더 크다. 그러므로 현금을 분산한다는 측면에서 달러만 보유하는 것보다 6개 주요 통화 대비 달러 가치가 낮아질 가능성에 대비해 엔화나 금의 보유도 고려해볼 만하다.

그동안 엔화는 경제 위기가 발생했을 때 달러보다 안전한 자산으로 꼽혀왔다. 국제적인 금융위기가 발생했을 때 달러보다 엔화 가치가 더 크게 오른 적도 많다. 아베 정권이 출범한 이후 엔화 가치를 인위적으로 과도하게 낮춰놓았기 때문에 현재 고평가된 달러화와 비교하면 글로벌 금융 불안이 발생할 경우 엔화 가치가 달러화 가치보다 조금 더 상승할 여력이 큰 상황이다.

그러나 엔화 보유에는 약점이 있다. 2019년 초를 기준으로 원화 예금보다도 금리가 높은 달러 예금과 달리 엔화 예금에는 이자가 거의 없다. 그렇다 보니 엔화를 오래 보유할수록 이자 손실이 커질 수 있다. 그리고 산업은행 등 일부 은행을 제외하면 엔화를 현찰로 입금해두어도 나중에 출금할 때 1% 안팎의 현금 수수료를 내야 하는 등 수수료 부담도 달러보다 더 크다.

일본의 GDP 대비 정부 부채 비율도 세계 최고 수준이기 때문에 예전만큼 엔화를 100% 안전자산으로 분류하기에도 어려운 측면이 있다. 또 아베 총리 집권 기간에는 모든 힘을 다해 엔화 가치를 계속 낮게 유지하려 할 가능성이 있어서 주의가 필요하다.

안전자산 금,
언제 어떻게 투자할 것인가?

금은 세계 기축통화인 달러와 경쟁하는 대안 통화로서 특성뿐만 아니라 실제 소비되는 귀금속이라는 특성을 갖고 있다. 금값은 이 2가지 특성에 복합적으로 영향을 받아 결정되는데 2008년 글로벌 금융위기 이후에는 대안 통화로서의 특성이 더 커진 상황이다.

금값은 금리에 큰 영향을 받는다. 금은 엔화와 같이 이자가 전혀 없기 때문에 금을 오래 보유하면 은행에 돈을 예금하는 것에 비해 기회비용이 커질 수밖에 없다. 이 때문에 미국 등 선진국의 금리가 오르면 금값은 떨어지고, 금리가 낮아지면 금값은 상승한다.

금값은 또 달러화 가치와 반대로 움직이는 특성이 있다. 즉 달러 가치가 올라가면 금값이 떨어지고 달러 가치가 내려가면 금값은 상승한다. 그래서 달러 가치가 뿌리째 흔들리거나 달러에 대한 불신이 커질 때마다 금값이 폭등해왔다.

그 대표적인 사례가 2008년 글로벌 금융위기다. 미국의 경제가 흔들리면서 불안감이 커지자 금값이 상승하기 시작했다. 게다가 금융위기를 극복하기 위해 미국 연준이 천문학적인 양적완화를 시작하자 달러에 대한 의구심이 커지면서 금값은 더 빠르게 치솟아 올라 1트로이온스약 31.1g에 1,800달러를 돌파하기도 했다.

그런 금값이 다시 하락세를 보인 것은 2008년 글로벌 금융위기와 2011년 유로존 더블딥 위기가 끝난 2012년 하반기부터였다. 2015년 미국이 양적완화를 중단하고 금리 인상을 시작하자 금값은 1트로이 온스에 1,060달러 선까지 급락했다. 그 뒤 2016년 이후에는 미국이 금리를 지속적으로 인상했음에도 불구하고 저점을 높여가며 2018년 까지 안정세를 보였다.

지금까지의 금값 흐름으로 볼 때 미국이 금리 인상을 중단하고 금리 인하를 시작하는 순간 금값이 더 오를 가능성이 있다. 미국의 경기 둔화가 가시화되면 금리 인하 속도는 더 빨라질 수 있다. 여기에 경기 불황에 대한 우려로 주가지수까지 하락해 위험자산에 대한 매력이 감소하면 금값을 더욱 자극하게 될 것이다.

세계 곳곳에서 위기가 동시다발적으로 발생하는 퍼펙트 스톰 상황이 닥친다면 달러나 일본 엔화조차 더 이상 안전자산이 될 수 없기에 금이 재산을 지키는 최후의 보루가 될 수도 있다.

다만 금 보유는 이자가 전혀 없어서 기회비용이 크다는 점이 문제다. 세계적인 투자가인 워런 버핏Warren Buffett은 금값이 한창 오르던 2008년에조차 "아무런 수익Yield을 창출할 수 없는 금에 투자하기보다는 전망 좋은 비즈니스에 투자하겠다."라며 금 투자를 비판했다. 사실 이자의 복리 효과를 감안하면 금을 오래 보유하는 것은 그리 바람직한 선택이 아니다.

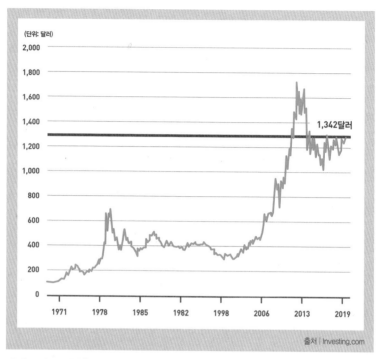

달러 표시 금 시세(트로이온스 기준)

그러므로 금값과 반대 방향으로 움직이는 달러와 적절히 배분해 위험을 분산하는 것이 좋다. 또한 금은 무조건 오래 보유하는 것보다 적절한 시점에 매도해 이익을 실현하는 것이 중요하다.

금은 어떻게 사느냐에 따라 세금과 수수료가 천차만별이다. 투자 목적으로 보유할 때 홈쇼핑이나 금은방에서 실물로 금을 사는 것은 그리 좋은 선택이 아니다. 실물로 금을 사는 경우에는 부가가치세가 10%나 되는데다가 판매업자들의 이윤이 포함되어 있어서 금값이 최소 15% 이상 오르지 않으면 손해를 보게 된다. 분실이나 도난 우려도 크다.

현물투자보다 나은 방식은 바로 은행의 골드뱅킹을 이용하는 것이다. 골드뱅킹으로 금에 투자하면 금을 실물로 인출하지 않는 한 부가가치세 10%는 내지 않아도 된다. 하지만 금을 사거나 팔 때 우수고객우대를 받아도 금값의 0.6~0.7%를 수수료로 내야 하고 금을 팔아서 얻은 수익의 15.4%를 배당소득세로 내야 하는데다가 예금자 보호도 되지 않는다는 단점이 있다.

수수료나 세금, 안정성 측면에서 가장 유리한 방법은 증권사 계좌로 거래하는 KRX한국거래소 금시장을 이용하는 것이다. 거래수수료가 0.15~0.3% 수준으로 골드뱅킹보다 훨씬 유리하고, 금 투자로 수익을 내도 15.4%의 배당소득세를 내지 않아도 된다. 또 한국거래소의 부도 위험은 국가부도 위험과 비슷한 수준이므로 비용과 세금, 안전성 측면 모두에서 KRX 금시장이 가장 유리하다.

또 다른 금 투자 방법으로는 금 ETF가 있다. 금 ETF도 KRX 금시장처럼 증권사 계좌를 통해 주식처럼 사고팔 수 있다. 금값보다 2배로 움직이는 레버리지 ETF와 금값이 떨어질 때 돈을 버는 인버스 ETF 등 다양한 상품이 있다. 하지만 금 ETF의 경우 KRX 금시장과는 달리 매매차익에 대해 배당소득세를 내야 하므로 세금 측면에서는 불리하다.

한 가지 유념해야 할 것은 의외로 금은 가격 변동이 매우 심한 투자 대상이라는 점이다. 금값은 1980년 이후 20년 동안 지속적으로 하락하다 2001년 이후에야 본격적으로 반등했다. 안전자산이라고 부르지만 이는 손해를 보지 않는 '안전한 자산'이라는 뜻이 아니라 주가지수나 통화 가치가 급락할 때 오히려 오르는 경향이 있어서 붙여진 이름일 뿐이다.

만일 주요 선진국들이 고령화와 저성장을 동반한 일본식 불황에 빠져들면 원자재나 귀금속의 특성이 있는 금 수요가 크게 줄어들면서 오히려 금 가격이 추락할 가능성도 배제할 수는 없다. 또 금값이 상승하면 과거의 비효율적이었던 금광이 새로 개발되면서 금값이 하락할 수도 있다. 특히 중국에서 경제위기가 시작되면 보유한 금을 팔아 현금화하면서 금값이 하락할 수도 있기 때문에 중국의 경제 동향도 주시해야 한다.

지금까지 현금 분산의 방법으로 달러와 엔화, 금을 차례로 알아보았다. 이는 투자의 수단이라기보다 위험에 대비한 현금 분산 차원의 접근이다. 위험의 초기 단계에는 나중에 위기가 심화됐을 때의 현금 여력을 위해 현금의 비중을 평소보다 늘려놓는 것이 중요하다. 이때 현금을 원화라는 한 바구니에 담지 말고 위험을 분산한다는 측면에서 달러나 엔화, 금으로 나눠둘 필요가 있다는 것이다.

위험 분산을 목적으로 달러나 엔화, 금을 살 경우에는 가격이 오를 때 추격 매수를 하기보다 절제된 방법으로 비중을 서서히 늘려가는 것이 좋다. 은행에는 자신이 미리 설정해놓은 특정 가격 이하로 환율이나 금값이 떨어진 날에만 사도록 미리 설정해둘 수 있는 상품도 개발되어 있다. 이런 상품에는 일간, 주간, 월간 단위로 구매 횟수를 설정할 수 있다. 불안감이나 탐욕 같은 감정을 통제한 상태에서 서서히 분산해 나갈 수 있는 장점이 있다.

"비관주의자는 모든 기회에서 어려움을 보고
낙천주의자는 모든 어려움에서 기회를 본다."

◆

에필로그
최악의 공포가 시작되는,
그 순간이 기회다

◆

세계 경제는 지금 무려 10년에 걸친 미국의 초장기호황에 익숙해져
있다. 제아무리 세계 최고의 경제 강국을 자랑하는 미국이라고 해도
10년 호황은 매우 이례적인 현상이다. 만일 미국에서 경기 침체가 시
작되거나 혹은 미세한 경기 둔화만 일어나도 세계 경제는 큰 타격을
받게 될 것이다.

40년 경기 호황을 누려온 중국은 더욱 심상치 않다. 산업혁명 이후
중국 외에 어떤 나라도 40년 호황을 누린 나라는 없었다. 만약 40년

동안 호황을 누리던 중국에서 위기가 시작되면 상상을 초월하는 황당한 부실과 얽히고설킨 부패가 드러나 단순한 경제 위기를 넘어 정치 위기까지 불러올지 모른다.

우리나라 역시 2013년부터 2018년까지 유례없이 긴 경기 확장기를 누렸다. 물론 일부 독자들은 그때도 어려웠다고 생각할지 모르겠다. 하지만 앞으로 닥쳐올 경기 둔화에 비하면 2018년까지는 우리 경제의 황금기였다 해도 과언이 아니다.

미국과 중국, 우리나라가 이처럼 장기호황을 누린 것은 사실 돈의 힘을 기반으로 했다. 세계 유일의 중앙은행이라 불리는 미국 연준의 천문학적인 양적완화나 제로금리가 이 같은 호황의 원동력이었다. 하지만 인류 역사에서 보기 드문 천문학적인 양적완화의 후유증으로 경기 불황이나 위기에 대한 우려가 동시에 커져가고 있다.

세계 각국이 불황과 싸울 무기를 이미 다 소진해버린 상황에서 본격적인 경기 둔화나 경제 위기가 시작되면 세계 각국의 금융당국은 지금까지의 그 어떤 불황보다 더 힘겨운 싸움을 하게 될 것이다. 앞으로의 세계 경제는 급작스럽게 찾아오는 금융위기만이 아니라 일본의 장기불황 같은 만성질환과도 싸워야 하는 상황에 처해 있다. 하지만 안타깝게도 이 복잡한 세상에서 우리는 결코 미래를 완전히 예측하고 통제할 수 없다. 수많은 경제주체들이 서로 영향을 주고받으면서 뜻밖의 결과를 가져오는 경우가 너무나 많기 때문이다. 이 때문에 변화를 예고하는 시그널을 누구보다도 먼저 찾아내서 그 의미를 정확히 파악하는 것이 무엇보다 중요하다.

앞으로 시작되는 2020년에는 다음의 3가지 사항을 반드시 명심하고 실천해야 한다. 첫째, 내일은 결코 오늘과 같지 않다는 것을 명심한다. 이 책의 서두에서 밝힌 것처럼 경제 위기도 생명을 갖고 진화하는 바이러스처럼 끊임없이 형태를 변화하고 독성을 키워나간다. 과거에 경험했던 형태의 위기에만 대비하면 된다고 안일하게 생각하고 준비해서는 안 된다. 같은 이유로 과거의 포트폴리오 전략이 앞으로도 성공할 것이라고 믿어서도 안 된다. 지난 10년 미국의 호황기 동안 성공했던 투자 전략을 그대로 따라 해서는 안 되는 것은 물론 글로벌 금융위기 당시에 성공했던 투자 방법이라고 이를 맹신해서도 안 된다. 과거의 것은 참고만 할 뿐 새로운 경제 시그널을 살피면서 끊임없이 미래에 대비해야 한다.

둘째, 세계를 넓고 깊게 바라보며 투자와 사업 전략을 짜야 한다. 세계화 이후 투자와 사업의 무대는 전 세계로 확장된 지 오래며 서로 긴밀하게 영향을 주고받고 있다. 우물 안 개구리처럼 우리나라의 경제 상황만 바라보면서 미래를 대비했다가는 큰 낭패를 볼 수 있다. 이 거대한 변화의 소용돌이에서 낙오자가 되지 않으려면 좀 더 입체적인 대응이 필요하다.

셋째, 최악의 공포가 시작되면 그 순간 공포를 담아라. 최대의 위기가 최고의 기회가 되듯이 남들이 모두 떠날 때가 가장 최고의 투자 기회이며 동시에 새로운 사업을 시작할 수 있는 절호의 기회가 될 수 있다. 위기는 기존의 강자에게 유리하던 경제 환경을 붕괴시키고 새로운 질서를 만들어내기 때문에 도전자에게 놀라운 역전의 기회를 제공한다.

불황이 깊어질수록 영원히 경제가 회복되지 않을 것처럼 비관적으로 생각하는 것이 인간의 본성이다. 하지만 인류가 계속되는 한 반드시 경제는 다시 회복기를 맞이한다. 새로운 혁신의 물결을 일으킬 6차 파동, 혹은 4차 산업혁명도 언젠가는 반드시 시작될 것이다. 그 기회를 잡으려면 어두운 심연의 밑바닥에서 공포를 담아 희망으로 바꾸어나가야 한다. 이 책이 그 공포를 희망의 불씨로 만드는 작은 부싯돌이 되길 희망한다.

프롤로그 ·······

1 메가네우라Meganeura, 석탄기 후기에 살았던 잠자리를 닮은 대형 곤충. 날개를 편 길이가 70cm
가 넘는 사상 최대의 곤충이다.

2 아트로플레우라Arthropleura, 몸길이가 1~3m로 지구 역사상 가장 컸던 절지동물이다. 지금의
노래기와 비슷한 동물이었다.

1부 ·······

1 영화 〈빅쇼트The Big Short〉(2015)에서 재인용.

2 Ray Dalio, "Billionaire Ray Dalio Says The Next Financial Crisis Isn't Far Off", CNBC,
Sept 11, 2018.

3 Nouriel Roubini and Brunello Rosa, "Opinion: Nouriel Roubini: 10 Reasons Conditions
Will Be Ripe For a Financial Crisis By 2020", Market Watch, Sept 14, 2018.

4 Christopher Anstey, "JP Morgan Predicts The Next Financial Crisis Will Strike In 2020",
Bloomberg, Sep 13, 2018.

5 Joe Weisenthal, "Warnings Keep Coming About a Downturn That Will Hit in 2020", Sep
13, 2018.

6 Ben Leubsdorf, "Economists Think the Next U.S. Recession Could Begin in 2020", Wall
street Journal, May 10, 2018.

7 박종훈, 『빚 권하는 사회에서 부자되는 법』, 21세기북스, 2016.

8 Erik Hollnagel, Safer Complex Industrial Environments: A Human Factors Approach,
CRC Press, 2009.

9 개개인들이 서로 상호작용하여 이루어내는 현상이 집단적 성질을 만들어낸다는 관점에서 다양한 경제 현상을 이해하려는 학문이다. 많은 경제 주체가 상호작용을 하면서 진화하는 시스템으로 경제를 보기 때문에 고전경제학에서 말하는 '균형 상태'란 애초에 존재하지 않는 것으로 본다.

10 Niall Ferguson, The Ascent of Money: A Financial History of The World, Penguin Books, 2009.

11 박종훈, 「박종훈의 대담한 경제」, 21세기북스, 2015.

12 Richard Rosenfield and Janet L. Lauritsen, "The Most Dangerous Crime Rankings", Contexts, winter(2008): 66–67.

13 최제호, 「통계의 미학: 통계는 세상을 움직이는 과학이다」 동아시아, 2007.

14 Charles Wheelan, Naked Statistics: Stripping the Dread from the Data. W. W. Norton&Company, 2014.

15 David H. Freedman, Wrong: Why Experts Keep Failing Us—and How to Know When Not to Trust Them. Little Brown&Co, 2010.

16 황재성, "불황 장기화… 서민 술 소주도 안 팔린다", 《동아일보》, 2004년 11월 24일.
박순욱, "소주도 돈 없어 못 마셔 내수불황 끝 안 보인다", 《조선일보》, 2004년 3월 23일.

2부

1 https://fred.stlouisfed.org/에 방문하면 다양한 데이터를 확인할 수 있다. 또한 10년물과 2년물의 금리 차이는 https://fred.stlouisfed.org/series/T10Y2Y에서 확인하면 된다.

2 Erik Norland, "2017 Macroeconomic and Financial Outlook in a Trump/Brexit World", CME Group, Nov 16, 2016.

3 Ruchir Sharma, The Rise and Fall of Nations: Forces of Change in the Post-Crisis World, W. W. Norton&Company, 2016.

4 IMF Fiscal Monitor, "Debt: Use It Wisely", Oct, 2016.

5 Christine Lagarde, "Fix the Roof While the Window of Opportunity is Open: Three Priorities for the Global Economy", Speech at University of Hong Kong, April 11, 2018.
https://www.imf.org/en/News/Articles/2018/04/09/spring-meetings-curtain-raiser-speech

6 https://tradingeconomics.com/china/households-debt-to-gdp

7 Cristina Jude, "China: what are The Risks Related to Corporate Debt?", Banque de France, Jun 27, 2017.

8 Yoon Young Sil, "Korea's Debt-to-GDP Ratio Reaches 232%, Up 49% Points over Past Decade", Business Korea, Oct 13, 2017.

9 Mark Buchanan, Ubiquity: Why Catastrophes Happen, Broadway Books, 2002.

10 개별적 경제 주체에게는 나타나지 않는 특성이 전체 구조에서는 자발적으로 돌연히 출현하는 현상을 말한다.

11 https://www.starcapital.de/en/research/stock-market-valuation/

12 Jorda, Oscar and Schularick, Moritz and Taylor, Alan M., Leveraged Bubbles, CESifo Working Paper Series No. 5489. Aug 22, 2015.

13 Trading Post.

14 Robert J. Shiller, Irrational Exuberance, Princeton University Press, 2000.

15 http://www.multpl.com/case-shiller-home-price-index-inflation-adjusted
https://fred.stlouisfed.org/series/CSUSHPINSA?utm_source=series_page&utm_medium=related_content&utm_term=related_resources&utm_campaign=categories

16 David Scutt, "The Currencies Set to Weaken and Strengthen in The Period Ahead, in One Chart", Business Insider Australia, Mar 9, 2018.

17 한 나라의 화폐가 상대국 화폐에 비해 실질적으로 어느 정도의 구매력을 갖고 있는지를 나타내기 위해 교역국 사이에 발생하는 물가의 변동과 교역 비중 등을 반영한 환율이다.

18 Michele Wucker, The Gray Rhino: How to Recognize and Act on the Obvious Dangers We Ignore. St. Martin's Press, 2016.

19 강혜영, "'백척간두' 중국 경제… 돌파구는", UPI뉴스, 2018년 12월 3일.

20 Enda Curran, "China's Debt Bomb", Bloomberg, Jun 18, 2015.

21 Shiyin Chen, "China on 'Treadmill to Hell' Amid Bubble, Chanos Says", Bloomberg, Apr 8, 2010.

22 Richard Happer, Abandoned Places: 60 Stories of Places Where Time Stopped, HarperCollins UK, 2015.

23 Lu Ting, "A Fifth of China's Urban Housing Supply Lies Empty, Equivalent to 50 Million Homes", Bloomberg, Nov 9, 2018.

24 Dinny McMahon, China's Great Wall of Debt: Shadow Banks, Ghost Cities, Massive Loans and the End of the Chinese Miracle, Houghton Mifflin Harcourt, 2018.

25 Dinny McMahon, China's Great Wall of Debt: Shadow Banks, Ghost Cities, Massive Loans and the End of the Chinese Miracle, Houghton Mifflin Harcourt, 2018.

26 Fiona Law, "China Bond Investors Bet on Bailout", The Wall Street Journal, Nov 13, 2015.

27 이정진, "중국 좀비기업 현황과 시사점", CEO MEMO(16-20호), KB금융지주 경영연구소, 2016년 10월 4일.

28 루이스 전환점이란 1979년 노벨 경제학상 수상자인 아서 루이스(Arthur Lewis)가 제시한 것으로 개발도상국에서 농촌의 저렴한 인력으로 급속한 산업발전을 이루지만 농촌의 노동력이 도시로 이동하면서 노동력이 고갈되는 시점에 임금이 급등하고 성장이 둔화되는 것을 말한다.

29 정철호, 김창도, "중국에 다가오는 인구절벽 충격", 포스코 경영연구원, 2017년 4월 6일.

30 정영식, 김경훈, 김효상, 양다영, 강은정, "글로벌 부동산 버블 위험 진단 및 영향 분석", 대외경제정책연구원, 2018년 5월 20일.

31 Pat Thane, A History of Old Age, Getty Publications, 2005.

32 S. C. Gilfillan, "Lead Poisoning and the Fall of Rome", Journal of Occupational Medicine, 7(2):53, 1965.

33 Peter Drucker, Management Challenges for the 21st Century, Butterworth-Heinemann 1999.

34 https://data.oecd.org/gdp/real-gdp-forecast.htm

35 OECD, http://www.oecd.org/els/emp/average-effective-age-of-retirement.htm

36 김세직, "경제 성장과 교육의 공정경쟁", 경제논집: vol. 53(no. 1), 서울대학교 경영연구소, 2014.

37 1985년 미국, 프랑스, 독일, 일본, 영국 재무장관이 뉴욕 플라자 호텔에서 외환시장 개입에 의한 달러화 강세 시정을 결의한 조치다.

3부 ··

1 김학균, "[미 10년 강세장 막 내리나] 90년대 장기호황 끝물 시기와 닮은꼴", 《이코노미스트》, 2018년 11월 5일.

2 OECD, https://data.worldbank.org/indicator/NY.GDP.MKTP.KD.ZG?locations=US

3 Daniel Bachman, "Why 2020 Could Be a Dangerous Year for the US Economy", Delitte Insights, Oct 25, 2018.

4   국제 외환시장에서 국제간의 결제나 금융거래의 기본이 되는 통화를 뜻한다.

5   주택수를 일반가구 수로 단순하게 나눈 주택보급률과 달리 주택 자가보유율은 자기 집을 가진 가구를 전체 가구 수로 나눈 비율이다.

6   독일의 대표적인 주가지수인 DAX는 독특하게 배당금이 포함되어 있다. 이 책에서는 다른 나라와의 객관적인 비교를 위해 배당금을 뺀 독일의 주가지수인 DAXK를 사용했다.

7   Wolf Richter, "Long-Term 'Buy & Hold' Crushed Stockholders in Largest Markets Except US&India. But for the US, Luck's Running Out", Wolf Street, Jan 1, 2019.

8   해외로 나가 있던 자국 기업이 본국으로 돌아오는 것을 뜻한다.

9   금융투자협회, "무엇이 위험자산인가?", 2013년 1월 9일.

10 Robert J. Gordon, "Is U.S. Economic Growth Over? Faltering Innovation Confronts the Six Headwinds", NBER Working Paper No. 18315, August 2012.

11 총요소생산성이란 생산량 증가분에서 노동 증가에 따른 생산증가분과 자본증가분에 따른 생산증가분을 제외한 생산량 증가분을 뜻하는 것이다. 기술개발이나 경영혁신 같은 눈에 보이지 않는 부분이 얼마나 많은 상품을 생산해내는가를 나타내는 효율성 지표다.

12 Robert J. Gordon, The Rise and Fall of American Growth: The U.S. Standard of Living since the Civil War, Princeton University Press, 2017.

13 Nicholas Crafts, "The Solow Productivity Paradox In Historical Perspective", CEPR Discussion Paper No. 3142, January 2002.

14 Martin Wolf, "Is Unlimited Growth a Thing of The Past?", Financial Times, October 2, 2012.

15 'S자 모양의'라는 뜻으로, 로지스틱 곡선Logistic curve이라고도 한다.

16 이영직, 「세상을 움직이는 100가지 법칙: 하인리히에서 깨진 유리창까지」, 스마트비즈니스, 2009.

17 James Bradfield Moody, Bianca Nogrady, The Sixth Wave: How to Succeed in a Resource-Limited World, ReadHowYouWant, 2012.

18 영국의 면제품 수출은 1750년 4만 6천 스털링에서 1800년에는 540만 스털링으로 급증했다. 홍성욱, "과거에서 배우는 미래-미래를 예측하기 위해서는 우리의 일상생활에서 널리 사용되는 기술에 대한 이해가 필수적이다", Future Horizon, Vol. 8, Spring 2011.

19 Joseph Alois Schumpeter, Business Cycles: A Theoretical, Historical, and Statistical Analysis of the Capitalist Process, Martino Pub, 2005.

20 손성원, 「미래 경제」, 알에이치코리아, 2014.

21 Ruchir Sharma, The Rise and Fall of Nations: Forces of Change in the Post-Crisis

World, W. W. Norton&Company, 2016.

22 유로, 엔, 파운드, 캐나다 달러, 스웨덴 크로나, 스위스 프랑 등 주요 6개 통화 대비 달러화 가치를 나타내는 지표다.

KI신서 8241

2020 부의 지각변동

1판 1쇄 발행 2019년 7월 10일
1판 18쇄 발행 2021년 1월 11일

지은이 박종훈
펴낸이 김영곤
펴낸곳 (주)북이십일 21세기북스
출판사업본부장 정지은
디자인 디박스
영업팀 한충희 김한성 이광호 오서영
제작팀 이영민 권경민

출판등록 2000년 5월 6일 제406-2003-061호
주소 (10881) 경기도 파주시 회동길 201 (문발동)
대표전화 031-955-2100 **팩스** 031-955-2151 **이메일** book21@book21.co.kr

(주)북이십일 경계를 허무는 콘텐츠 리더

21세기북스 채널에서 도서 정보와 다양한 영상자료, 이벤트를 만나세요!
페이스북 facebook.com/jiinpill21   포스트 post.naver.com/21c_editors
인스타그램 instagram.com/jiinpill21   홈페이지 www.book21.com
유튜브 www.youtube.com/book21pub
서울대 가지 않아도 들을 수 있는 명강의! 〈서가명강〉
유튜브, 네이버, 팟빵, 팟캐스트에서 '서가명강'을 검색해보세요!

© 박종훈, 2019

ISBN 978-89-509-8198-3 03320

이 도서는 한국출판문화산업진흥원 '2019년 우수출판콘텐츠 제작 지원' 사업 선정작입니다.